祝福正在閱讀這本書的你

每一個夢想都能實現，一起加油

實現夢想的秘密捷徑

他二十歲成為世界各地網站群
的幕後推手

◎ 江子良 Chris Chiang
◎ CEO首席執行長, 3BEST.NET (USA)

博客思出版社

《禮物中文版》

GIFTED CHINESE EDITION

「Gift」是「禮物」，「Gifted」是「有天賦的」

我相信每個人都擁有一份與生俱來的天賦

於是我將我的夢想禮物，送給有才華的你

請你將這份禮物，分享給任何一個人或送給自己

我來自台灣，這是我送給台灣獨家印製的特別版本，
沒有原因，因為台灣就是個禮物。

感謝國外的華僑朋友、留學生、外國朋友的大力支持，

本書的另一個紀念版本《國際中文版》於美國、英國、西班牙、義大利、德國、法國當地Amazon與實體書店銷售發行，2012暑假全球銷售量 再創全新巔峰！

感謝

旅遊，總會想擁有一份紀念品，感覺這是一份很難得的禮物，就像大衆認爲到捷克旅遊必買LV包包，感覺很時尚、很滿足；到挪威旅遊，拍下難得一見的極光，那張照片也很有飽足感。先不論禮物的價格是高是低，放在家裡、帶出戶外都很有價值，我想這個價值來自「特別的回憶」，而不是那個標在物品上冷冰冰的價格，更別說是連冷冰冰的價格都買不到的東西了。

這本書是在這樣的環境下誕生的，二十歲的今天，我在思考送給自己的禮物，走遍大街小巷，已經把整個台北市都掀了過來，我找不到符合我期待的生日禮物，我開始反省我的禮物標準是不是很奇怪？對一個年輕男生來說，酷炫的昂貴科技產品都無法吸引成爲二十歲禮物，看來這個「難得」的禮物很難得到，連我自己都不知道要去哪邊生出來了。

過去這些成長的日子，我要感謝的人太多了，在家庭都沒有資金的支援下，如今還能和我的兩個Buddy共同創立一個國際分布的主機團隊，帶領同仁們寫下每一次值得紀念的新里程碑。是在我生命中出現得這些人，讓我能有這些特別的經驗，一句老生常談：「機會是留給準備好的人」，但是我們很難知道什麼程度是準備好了？在實現夢想的未來路上，我曾經迷惘這中間所有的一切，太多的不確定性、太多的變化因素、太多的困難選擇題，還有那一大堆的空白申論題。於是我想把這段眞實的過程重新編排，如果當時有人能告訴我怎麼平衡對於工作、進修、夢想、現實考量之間的迷惘，這一路上也許會更加踏實。

於是，我將我的生日禮物分享給你，就像在我生命中出現的人將他們的時間、人生態度、資源分享給我一樣，而這不是一本自傳，那些自傳的路途太奇幻了，簡直是生命的奇蹟，突然半路就有資源、貴人，我沒有這個背景和資源；這也不是一本工具書，告訴你一大堆的列舉式方法，夢想的平衡就像談一場戀愛，用完全理性的態度面對它，不用我解釋你都知道後果會如何；當然，這也不是一大堆的寓言故事，寓言故事告訴我們很多的道理和態度，但是反觀自己的現實狀況，根本感覺現實已定、難以修改。

這是一本融合現實和夢想之間的平衡書，也是我的生日書，合理貼近社會現況的生活邏輯，搭配上自己親身經歷的故事，看完之後，會發現沒有什麼叫做「突然」，以及那些看似「天上掉下來的禮物」，這是一念之間的轉換，你也會做的到。

最後，很感謝亞庭日以繼夜的幫我校稿，我一直很害怕最後只有我自己看得懂內容；凱文在人生路途上一直陪伴我突破難關，尤其是那些生活上很難安撫的情緒，如果沒有這個Buddy，這本書永遠都寫不出來了；文淵在百忙之中還大力贊助漂亮的照片，平常也在我身邊提供很多的

建議和思考方向，如果沒有這個Buddy，這本書也是無法完成了；我的家人們犧牲了很多的娛樂時間，也很怕我的休息時間太少，還幫我煮出了一道道的好料理，在忙之中，我還能有享用我愛吃的美食；我身邊的朋友們，你們犧牲了很多和我聊天的時間，我會補回來給你們的；這本書的推薦群，感謝你們的大力支持，很熱情地寫下你們的感受；以及，現在在看這本書的你，感謝你拿起這本書，讓我知道這一切是有意義的。

推薦美國柏克萊大學

Eric Hsieh - 3BEST集團CFO首席財務長

如果你在找一本CEO速成手冊，那放下這本書吧！祝你在尋找CEO手冊之路好運！這是一本築夢說明書，是本對水電工到總統都有用的書！

要我用一句話敘述國中時的江子良，我會說：「他，知道他要什麼。」當我最初看到Gter Online兩年計畫時，我嚇到了，子良仔細地寫下每一事件中what,who,and how。

以下是我印象中他的筆記：(內容簡略)

	What(事件)	Who(誰執行)	How(怎麼做)
現在	推出 1GB空間	Chris	向主機商購買空間
3個月後	網站轉型以部落格方式呈現	Eric	
6個月後	增加頻寬	Chris	主機商回饋
12個月後	兌獎活動	Eric	活動單位負責

在這當下，我領悟了一件事：「當你把所有要做的事寫下來，這就像後退了一步，站在遠方俯視每一件事。」計劃書帶給我數不清的好處。作者也在此書中藏了不少的成功小技巧。

說實在的，我很高興子良的第一本書不是電腦工具/知識書，因爲我相信他的經歷絕對會比他的知識更有影響力，現代人在資訊普及時代並不缺知識，問題打入Google解答到處都是，想學微積分，麻省理工和柏克萊加大等著名大學都有網上開放教學，我們缺的絕不是知識，而是如何運用知識，透過子良的歷程，你會發現他是如何把所學的知識加以運用在他的事業、甚至生活上；人們常常在廣大的知識海中不知所措，但只要掌握並管理知識，它們絕對是幫助你成功的推進器。

說了這麼多，相信大家最在意的還是：他，是怎麼做到的？

這裡我可能會打碎不少人想做領導者的夢，領袖資質有大部份是天生的(並不表示沒有天資的人當不上領導者)，這些資質中，最重要的就是「個性」，與子良從事多年來，我知道他積極、有耐心、效率高、果斷、善與人相處、正直、勇敢，還有擁有一份永不放棄的熱情。

想成爲一位領導者，我的建議是先從班長做起吧(如果還有機會的話)，另外我也建議學生們多閱讀課外書(不只小說)，多多閱讀傳記和勵志書，它們眞的會讓你少走很多

冤枉路，我覺得嚴長壽先生的「總裁獅子心」和查理蒙格的「窮查理的普通常識」是每位學生必讀的書。

最後送給讀者我很喜歡的一句話：

員工與老闆的最大差別是：員工是在幫老闆築夢，而老闆是在實現自己的夢。

推薦台灣政治大學

蔡尚樺 - ASUS華碩第十三屆校園CEO台灣台北區域組長

要不是加入華碩校園CEO的實習，我也不會認識子良；若不是認識他還眞的挺難相信一個比我年紀還輕的大二學生竟在現實生活中已然是一個跨國的眞正CEO！

坦白說，子良看起來跟一般大二的男孩沒有太多的不同。他認眞投入每一個實習內的工作，和我們共同學習成長。他無意中向華碩的夥伴們提及他是3BEST的執行長，縱使大家總半開玩笑的喊他「江董」慫恿他請客，他也是笑笑的跟大家嘻鬧，儼然就是一個大二的陽光男孩！

我第一次認眞注意他是在華碩內部的行銷大賽。當時我們都甫進華碩，正全心全意的與各組研擬分配到的產品行銷企畫案。對公司業務做第一次簡報時子良恰巧坐在我的前面，我能感受到他全身都散發出一股氣勢，那是一種非贏不可的渴望！

在業務群聽完他們的簡報，給予諸多建議和批判甚至認爲方向須大規模調整時，他的臉上沒有半絲不悅，更沒有因距離決賽僅剩一週的焦躁和心急，取而代之的是沉著冷靜的聆聽意見並在低頭沉思後開始振筆疾書，不斷在他的手稿上尋求新的可能。當下我有一點能感受到這個夥伴是充滿高度的企圖心且勇於接受失敗，這讓他看起來的確很不一樣！經過一週的修正時間，到了決賽當天他們推翻

了原先所有的創意，重新定位客群，推出一套讓衆人驚艷的全新行銷企畫案！

事後才得知學理工的子良原先對行銷是全然没有基礎的，更讓我們對於他不斷追求新知克服挑戰的努力相當讚賞。

子良更令我欽佩的是他樂於「做小事」的態度，身爲一個國際團隊的執行長管理衆多資歷比他更成熟的員工的確是一件艱鉅的任務，我很佩服他能將管理上的這個難題處理的相當漂亮，用他的智慧和核心價值讓所有人心悅誠服。但是要同時身兼3BEST的高階管理者以及華碩的基層員工實在不容易！不知道他是如何快速轉換他的兩種身分，但在華碩實習他總是認眞盡責的達成每一個任務。他比別人都還有資格抱怨，他卻總是在享受每一份工作帶給他的價値，我想也唯有深刻體會過再怎麼微小的事都有他學習之處，才能眞正成就你做出一番大事業！

上個月我們邀請子良在華碩月會時演講，分享他創業的過程以及團隊的理念，這一部分在書中都有更完整的描述和呈現。看著他在台上神采飛揚侃侃而談，那意氣風發的樣子的確很有一個年輕企業家的架勢。我想只有看到他眼神中那樣自信和堅定的光芒，就能了解他是多麼開心的在投入他的夢想而且全力以赴！他走了一條完全不同的路，面臨了許多同儕都從未設想過的困境和挑戰，但這也造就了他的出色和不平凡！身爲一個同樣想追求卓越、開創成功的年輕人，我從這本書中得到相當多的體悟和啟發，希望您和我一樣，跟著這個執著夢想的男孩一同熱血，開創出屬於你的精采人生。

推薦上海交通大學

Kevin Cheng - 3BEST集團CIO首席資訊長

在一個人的人生中，假如每件事情都可以事先安排，事先決定，這樣的人生不就會非常的簡單、順利嗎？這個不就是每個人所追求的嗎？！說到這裡大家應該都懂了，今天的主角就是一位不會對自己的未來畫地自限，擁有無限活力的年輕人，對所有事情都充滿熱情。在這本書裡你可以見識到他的活力，他對自己夢想的熱情！這樣才有辦法在20歲的時候，坐上企業的CEO，在書裡所提到的點點滴滴，都是他用個人的時間、精力所換來的，你可以不看嗎？

我第一次認識小江是在我高中在美國留學的時候，可能很多人不相信，以我們現在的關係，我們第一次認識跟第一次見面間隔大概1年吧，這證明了什麼？怎麼認識跟之後的關係一點關連都沒有，我當時就是被他的熱情所感動，我們一起草創了一家線上租用網路空間的小團隊Gter Online，這就是我們夢想的起點，這項爲期兩年的計畫，讓我見識到他所有的而我缺少的行動力，時間又快速的轉到2年後，3best的誕生，如今3best已經走上國際的舞台，這一切的幕後功臣，就是小江，他把大家的夢想給凝聚起來，變成一股很大的力量，一股勇往直前動力！

可能說到這裡已經燃起，大家對夢想的火焰！做自己人生的CEO，把主導權收回自己收上吧！自己決定、自己

享受、自己承擔，這些就是我能告訴各位的，小江在20歲的時候做到了，那你覺得你也可以嗎？

如果你看到這排字，代表你還沒開始看書的內容，還不快去！！

推薦台灣清華大學

陳立昂－國立清華大學　親善大使學生代表

第一次認識小江是在高一暑假的「新世紀領導人才培育營」，雖然只有十天的相處時光，他散發的魅力卻令人印象深刻，當他自我簡介到自己的經歷時，我們這種「一般人」根本難以想像，但從他的一言一行，你便會知道那並不是吹噓、瞎掰，他是個有著成熟判斷力而用一般青少年的形式表現出來的人。

這本書是小江寫給自己的生日禮物，也是給那些在追夢中迷航的人們一盞明燈。他寫出了他的人生哲學，更寫出了我們日常生活最基本面會疏忽掉的細節，他並沒有教你他如何成功，但他把成功需要的基本功全都告訴你了。重點不再於如何找到自己未來的夢，而在於如何規劃出現實到夢想之間的漫漫長途，過程中難免起起伏伏，而要找到並且相信自己獨一無二、不可被取代的特質，是一項很重要的信心源頭。

這本書有許多故事讀起來對我來說特別親切，因爲我們以及其他廣大的七、八零年代新鮮人，都是在這樣的背景長大的，但我們通常只是在「使用」的層面上遊走，像瀏覽網頁、逛論壇討論區，小江用自己的故事爲例，他好奇、鍥而不捨的求知慾，當然還有一顆想著如何創新的腦袋，讓他更深入到「提供」的層面。也許這種轉變對每個人來說都是一念之間、一線之隔，但是這麼多的一念之間

累積起來，事實擺在眼前，他已經是3best的CEO。「想要成功，必須先給自己一個開頭機會，逼迫自己去檢視自己的不足，如果連機會都不給，這就不是命運的錯了。」書裡這句話我非常喜歡，我們必須先克服自己，再來談克服萬難之後的成功。我想，這是一本值得一邊思考自己，一邊閱讀的書。

第一章　眺望捷徑

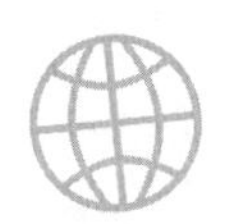

目錄

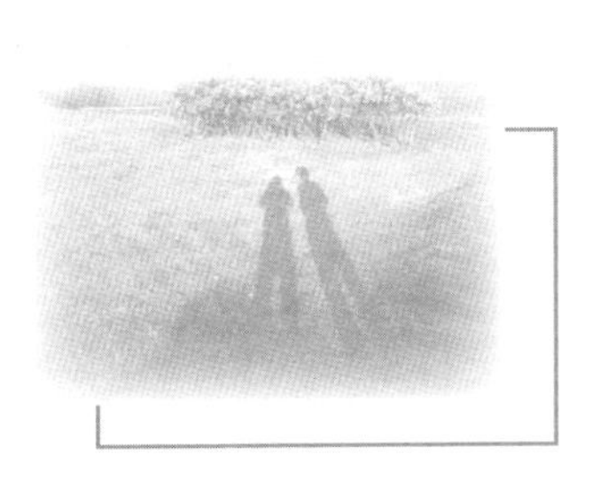

第三章　夢想，突然靠近了

第一章

眺望捷徑

1-1 這到底是什麼囧世代？！

夢想存在的理由：這是什麼產業？可以吃嗎？

創業之初，我吃了一個熊心豹子膽，不知道是哪邊來的勇氣打給了一間糖果製造商，希望他們能和我們合作成為第一個客戶，於是這件事就這樣發生了。

傻傻的子良：「您好，我們這裡是『網路主機公司』。」

糖果商：「『網路主機公司』是在網路上賣電腦的公司？」

傻傻的子良：「您誤會了！『網路主機公司』是讓很多網站能全年無休、正常運作的團隊，您平常生活中需要使用的任何網站、網路服務、手機APP都需要我們的協助，不然網友不能進去你的網站。」

面對一個大多數人都陌生的產業要經營是困難的，在這本書中我並不想做什麼置入性行銷的廣告，我想讓所有人能很勇敢地走向一條屬於自己的路，這是我的夢想路，一條曾經讓周遭師長、朋友、同學、家人都陌生的夢想路，因此反對我走向這條路的聲音更大聲了，直到現在的科技資訊產品更依賴網路，我的這條夢想路才終於被長輩、朋友肯定。

夢想，你不會知道它有多貴，

--------------------直到你把它實現、把夢想兌現，

--------------------------你才會知道夢想非常貴。

常常耗費了很多時間在向客戶介紹「網路主機公司」是什麼產業，感覺自己平常都快變成直銷人員了，但是這個角色卻很重要的維護全球的網站能正常瀏覽、連線網路的居家保全系統能正常運作、連線網路的手機APP能正常使用、連線網路的提款機能被操作領款，一般人很容易忽略掉這個產業，除了下述的三個狀況：

1. 網站掛掉了！網友都連不上！

－這個時候大家就會匆忙地來投訴了。

2. 網站塞爆了！所有人速度太慢！

－這個時候大家就會匆忙地來投訴了。

3. 協助各國網站服務能製造更美好、更方便的生活。

－這就是我的夢想存在的原因了。

一份吃力不討好的工作、一個多數人陌生的產業、一個被旁人唾棄的夢想、一個生活現實狀況不被允許的夢想，如今變成了一個快樂創意的工作、一個多數人儘管不熟悉卻會支持你去做的產業、一個征服了現實狀況的夢想。如果你擁有尚未實現的夢想，期盼透過我的想法、經驗故事與生活領悟，能和你產生共鳴，克服現況，加速轉動夢想的引擎。

當時間、現實、專業能力都失控：其實我們都正在失控！

「囧」這個字並不陌生，是現在最新的流行用語，代表一個人不知所措或皺眉的心情，在我寫這本書的期間，對我也充滿「囧」的頭號抗議者就是我的客戶們。

二十歲，過去花了九年深入網路科技產業，看著網路蓬勃發展、網路泡沫化、電子商務網站的崛起、架設部落格與論壇的風潮、架設社群網站，進而隨著智慧型手機、平板電腦的發展，APP手持裝置的應用程式開始萌芽，手中培育的網站即將破萬。

正疑惑這輩子似乎都要和科技傳播媒體脫離不了關係了，正當我起初喜歡去電台主持節目、新聞稿撰寫、網站經營的時候，有次在飯店和父母吃飯，媽媽語出驚人和我說：「其實我對這些一點都不意外耶！以前我們家有個電視小兒童，剛滿一歲就會自己拿遙控器轉台，準時坐在電視機前面看益智節目。」好吧！認命！我是真的脫離不了關係了！

由於給予意見的網站類型從美食部落格、旅遊手札、電腦論壇，到創新的網路服務很多，網站的思維是我演講的必備題目之一，其中當然也包含了一些知名歌手官方網站、政府機關網站；人生第一本書，原本所有人都覺得我該寫的應該是一本不折不扣的電腦書，或至少應該是本...談論網路現況的書，而我卻寫出了這本「**實現夢想的秘密捷徑**」，這是一份信念，我相信我們每個人都應該享有對自己夢想熱情的權利，無論何時何地，不能浪費時間，**你狼狽倉促地吶喊時間，時間從容不迫地和你說再見！**

如果正處於一個資訊爆炸的世代，你也許不能太早高興，因爲我很擔心，如果我們正在學的東西隨便網路搜尋一下、新聞報紙隨意翻閱、查書籍就能找的到；如果我們正在做的工作，隨便上網人力銀行，就能用外包的方式解決，這絕對是一件沒什麼好開心的事情，替換率太快、專業能力很容易被人學習的話，唯一顛倒的就剩下工作的薪水了。

如果真是如此，我想讓夢想幫我擁有一份價值，我在尋找一個答案，如果現在要支付夢想每個月薪水，會是多少呢？

$ = ?

感覺夢想是屬於學生的權利，當我們步入了職場，接受現實，夢想對我們來說已經遙不可及，努力掙錢才是當務之急。

如果你的現實和夢想現在是兩條各走各的路，請相信有天會在同一條路上相遇的，不用幫自己製造分身的夢幻國度，逃避這個事實，因爲最小的夢想很有可能只是想要一個人去看一場電影而已，夢想很簡單，是你想的太複雜了。

當夢想和現況產生衝突：小學生也有小學生的煩惱

共同的課堂中的回憶，老師最喜歡問同學們關於夢想，小學生大多會回答想當總統、醫生、老師，國中生大多會回答不知道，高中生則會交給大學的科系，而大學生呢？現在的大學生對於自己的信心，就像M型社會的圖形一樣，根據調查，一是迷惘自己、糊塗方向；另一又是過度自信、好高騖遠，**但是我們都想乘上夢想的滑翔翼，去翱翔那片藍天白雲帶給我們的無限想像。**

每年我也會問自己這樣的問題，會不會是「好高騖遠」的夢想，讓人感受到不切實際？我確實選擇了一條很不一樣的路，是因爲上天給了我一份很好的禮物，這份禮物現在的小孩大部份都能擁有，那就是讓我在小學五年級的電腦課能學習基本的架設網站，開始體認到現在的小孩眞的很幸福，英文和電腦的教育普及廣度和父母口中所敘述的六零年代相比，現在隨處可見，**不過，我該如何把這份幸福延續下去？**

小學五年級某個星期二的下午，一如往常的在電腦教室上完電腦課，天空開始下起大雨，交會閃電、雷聲作響；以前的氣象局準確率没有現在高，前一天，氣象局還說隔天降雨機率播報只有10%，大家當然是没帶傘，準備和同學們用奔跑淋雨的方式回去班級教室，一雙溫暖的手解救了我，原來是主任，他拿著很多把愛心傘，早就站在那等我們了；**一個很理直氣壯沒帶傘的理由，還是有人能臨時搶先一步準備好，好讓那些「理直氣壯」的我們有個遮雨的地方。**我問主任他爲什麼能想的比我們多好多，這個問題現在看起來很幼稚，主任還是笑笑著回答了：「經

驗Experience」，那個我始終背不起來的英文單字，在那一刻背起來了！

如果有一天夢想也能如此地理直氣壯，

就會有一隻雙手在那等著我們，它有個名字叫經驗。

原來，幸福的延續要靠累積經驗，於是，小朋友的好奇心發作了！仗著家裡的第一台電腦，那台舊舊慢慢的Windows2000作業系統，靠著網路搜尋，研究我該使用什麼軟體？怎麼操作？哪個軟體比較好？哪個方法比較妥當？網站型態會不會落伍？網站内容實不實用，最後我卻做出了一個很好笑的搜尋引擎，只能搜尋三個詞彙：「鹿、天空、遊樂園」，天眞地認爲搜尋網頁都是靠成千上萬個工讀生，一頁一頁的手動整理，後來才知道原來那個叫做程式，是自動化技術處理的，根本不是靠人工，難怪我整理了一個月才做出三個勉強還算完整的網頁搜尋結果，對當時不懂科技的我來說，感受到這門技術眞是厲害！不過我想，那時的我眞正在研究的其實——是自己。

一個小學生能做什麼？擁有著一展抱負的理想，想要做出最棒的網站和親朋好友一起分享，但是老師要求讀書、父母要求讀書，如果當時我打電話去社會諮商輔導專線求救，我相信最後的結果當然還是讀書！因爲就連現在有個小學生跑來問我相同的問題、相同的情況，我想我的答案還是會很忠肯地回答他：「讀書！」

爲了求電腦專業進步，還要顧及課業的情況下，利用課餘時間犧牲看電視、看漫畫、打電動，自己開始找網路的教學文章，家裡環境小康也沒辦法去補習專業的電腦補習班或是一般學校普通科目的補習班，只好讓自己慢慢的兩邊都學。

然而，要讓電腦專業知識能進步，當時的網路並不像現在這麼人性化，就連網路教學也是如此，一堆專業的電腦術語，無論是英文名詞還是中文翻譯，都跟外太空來的語言一樣，令人難以理解，而我也就在這個環境中邊顧及課業邊學習，最後還拿了全校第一名畢業，成爲全場抱禮物回家抱最多的小學生。**第一次知道，原來夢想能和我這麼靠近，但是總要犧牲些什麼給它當車馬費。**

「囧世代」並沒有不好，史無前例的豐富資訊流通，讓處在這個環境下的我們擁有了加速夢想實現的機會，當我們開始知道自己想要的美好生活是什麼，在期盼的背後，雖然恐懼大夢想的大距離，卻也擁有大世界的大資源。

寫下夢想的草稿：只需要多一句話

我最近在一場演講的尾聲，請他們寫下來自己的夢想，這是一群各年級的大學生，經過教育的醞釀，想法開始對人生充滿著不一樣的認識，有人寫下「賺很多錢，讓父母能提早退休，體恤他們的辛苦付出」、「有一間大房子，讓親朋好友都能在勞累的時候有個大避風港」、「要學會五種外國語言，以後能有能力帶自己的家人出國旅遊」。

這些夢想更讓人感動，也都很祝福他們，甚至會有種衝動，希望每個人都能早日實現，這是一種轉變，學會在自己的夢想後面，加上一句關心身旁的人的動機，更體恤、更貼近自己和親密的人；**夢想的藍圖成熟了，可是卻有種力不從心的無奈，也許是該充電的時候了。**

不但是對自己夢想的無奈，我們也能擴及到社會觀點的無奈，學生開始怪罪政府提供的就業機會不足、薪水不夠多，政府也透過政策請企業主幫忙，同時改善相關法令，而企業主也怪罪學生的工作態度、好高騖遠的天兵想法、薪水要求和工作能力近似反比，於是期盼學生能放低姿態，從基層做起，看似刁難而苦口婆心的建言，卻是最有效的良藥。

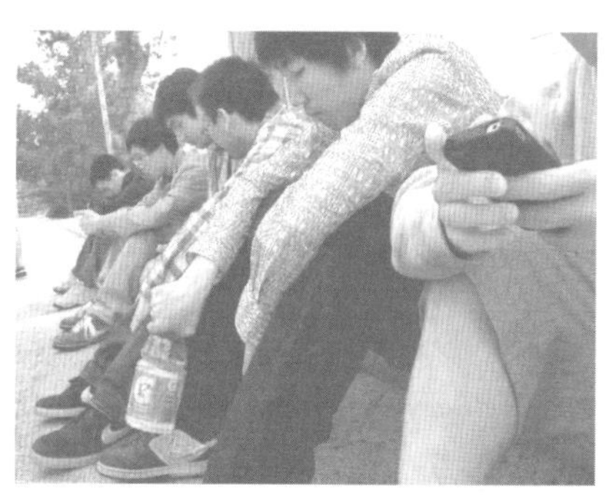

夢想的助手－網路：別再阻止我們和網路脫節了！

在「囧世代」中還包含著「e世代」的特質，或許應該這麼說：「e世代」佔了「囧世代」的80%行爲；茫然迷惘的人也是在這個環境下所產生，所以有些人幾乎投入在網路世界中以求生存，找尋另一個認同者，最典型的代表就是遊戲，可以找尋到志同道合的朋友，尋求一個人與人之間的歸屬感，學者Rose列出了可能的原因：

1. 想試試看變成不同的人，可以做一些自己平常不願意做的事情。

2. 用不同的個性，去觀察別人的反應，讓自己認為比較好的個性來遮蔽自己不好的部分。

3. 突破社會概念的「正常」認知範圍。

簡言之，「隱藏眞實身分」是網路發展初期一個很重要的吸引特性，能讓人們用來隱藏現實世界中的行爲，轉換到網路上來發展；但就近期層面的社交網站來說，因爲好友都是認識的人，反而有把網路沈癮的人拉回現實世界的趨勢，但現實和虛擬世界的差距很大，這點始終還是存在的；感覺玩電腦、深入電腦就很容易被聯想成「宅」，成天在家不出門的感覺，這個刻板的價值觀已經不完全適用了。

資訊科技是夢想加速的助手，也是搞砸夢想的兇手。

我常常被問到瀏覽網路的人到底「宅不宅」的問題，畢竟身處於網路主機公司，客戶都是部落客、業者、老師、專家等各行各業的網站站長，看到的綜合觀與趨勢整合在網路這一塊來說，都會來的比其他產業更多元多樣。

團隊有時候跨國開會的必要性，爲了節省預算支出，開會的時間都必須在電腦前透過視訊會議進行，當然我也會跨國利用Skype電腦語音通話聊天來節省自己的電話費，而工作的時間對於網路團隊來說當然更是如此，但愛玩出了名的個性可從來沒變過，我熱愛旅遊、喜歡探險，和同學、同事、朋友、摯友、家人一起出去熱血一把的性格往往和這個刻版印象成了最佳反比寫照。

這是我的夢想，想要一份同時玩樂、同時工作的人生！隨時想做就能做的夢想！同時也是一份對當時的人們來說很異想天開的夢想，放手去做夢吧！

最近才剛和一群朋友去桃園大溪兩天一夜之旅，策劃的人因爲事前沒有探路，而安排了一個專業BBQ烤肉；在晚上八點鐘一夥人下了車子，卻發現大家處在一個陌生的產業道路上，沒有路燈、沒有來車，唯有的就是旁邊一條看不到的溪水，而我們要去的目的地要自己徒步爬坡，這實在和晚上夜遊沒什麼差別，還是一個沒人知道怎麼走的夜遊！

幸虧烤肉業者有派一輛機車幫我們一群人照路，利用車子前後的燈光讓我們看的到眼前的路，就這樣，走了十分鐘才抵達現場，找到那家偏遠的烤肉業者，那個時候的衝動就是打開手機登入Facebook，準備要來和自己的好友分享剛剛發生的驚魂記，卻發現身旁的朋友們早就搶先一步已經打卡在Facebook上了，只不過是想打卡，卻輸在起跑點上不服氣，那就補一則更多人按「讚」的狀態，搶走他們的高人氣吧！（打卡：標示自己和朋友目前所處在的位置、所做的事情。）

如果輸在起點，就偷跑在另一個起點，因為沒有人可以同時做兩件事情。

頓時發現，每個人「依賴」網路的時間拉長了，但這並不是「宅」，而是變成了「依」世代，人和人之間的依賴感又增近了一大步，但靠的卻是之前被大家所認爲很「宅」的網路，新的典型價值觀便形成了。

網路是我們的工具之一，還是正在悄悄地操控我們？這很巧妙地影響了一件事，正在築夢的人、忙到沒有自己時間的人往往會把它當成一種工具，也有很多人往往會很容易被它操控。

走一條不孤寂的路：搭起人和人之間橋樑吧！

有個老師，是最崇高的學者，行爲高尚、對人很客氣也很親切，學術能力更不在話下。他在自己斷氣前的最後一刻，把所有的學生都叫到身旁，但他卻哭了。

其中一個學生說：「老師您爲什麼要哭呢？你是因爲沒有行善的一天嗎？您是因爲沒有讀書的一天嗎？您是大家心中最受尊敬的人呀！您應該沒有理由哭了才是！」老師說：「你剛剛所講的我都可以很肯定地回答，但當我問自己有沒有參與了和大家一般人的生活時，我卻沒有，所以我才哭了。」

這是一則很老的故事，卻可以反應出集體生活的重要，在這所指的集體生活並不是食衣住行而已，他所要傳達的意思是參與了別人的生活、和別的個體群相處，那些自命不凡生活在自己世界的人們，在眞正要自己孤立的情境下，才會更意識到自己的渺小。

因爲重視別人，別人也才會重視自己，長輩常常講的：「稻穗越長高越低垂，就像人爬得越高要更謙虛」，我告訴自己也幫這句話補充了另一句：「**稻穗也是整片田地一起長高的。**」

解凍自己的第一步 —
通往夢想與現實之間的橋梁，必須先認清相處的整個環境，
包含我們的內在和外在環境，
不要成為離群索居、自命清高的那個人。

1-2 有選擇權的前提是先放下

衝上新戰場：別傻了！幸福要你去敲門

曾經在思考送給自己二十歲的禮物，我思考過各式各樣用錢能買到的東西，當作一份最具意義的東西，儘管我找遍了整個台北西門町、觀光旅遊景點的紀念品、專屬打造的禮物，感覺似乎這個二十歲就要從我眼前飄走了。一本書，這是我始終想做而沒有做的事情，我將這份二十歲的禮物分享給每個朋友，這是一個我給自己新的里程碑、新的挑戰。

與其等待幸福來敲門，不如勇敢去敲幸福的門，最糟只是沒回應，回頭準備，再多敲幾次。很感謝〈博客思出版〉張主編的重用，在亞洲獨家發行上市，以及〈Amazon 全球團隊〉讓這個二十歲的新書順利上市，讓我的書能行銷到世界的每個角落，這無疑是一場對自己的二十歲挑戰，它很像一場成年賭局，下一場叫做銷售市場的考驗，我和你一樣都在面臨一場新挑戰，生日禮物原本只是逛街購物，現在卻被我搞得如此複雜。

在選擇之前，我們必須放下，放下那些被主觀所認定的既有價值觀，重新思考真正想要的選擇，**讓自己保持在自然舒服的狀態就是最恐怖的狀態，而我想要成為作家的夢想就會更加遙遠了。**

先放下第一個選擇：選擇第二個選擇吧！

有兩個師徒和尚要過河，留意到身旁有一個身懷六甲的婦人也要過河，因此徒弟便向師父提議由他來背婦人過河，師父平常並不允許隨意接近女色，這個時候師父卻答應了；背完婦人之後，徒弟又問師父：「您平常不允許我們接近女色，爲何在這個時候又讓我背婦人過河？」師父回應這個徒弟：「既然你的行動上都已經放下這個婦人，爲何內心仍未放下這個女人呢？」

這是一個很巧妙的「放下」，我們學會的是一種變化的進步，在過程中我們擁有很多選擇權，因爲擁有選擇權並不困難，困難的是如何讓自己欣賞「停」的藝術，既定的過往經驗往往成爲阻礙進步的主要來源，我們很容易用過去經驗在思考現在的決策，在此和上一章所談論的「經驗累積」是可以串聯的，放下並不是放棄，只是打破原有的思考模式，回歸到一個本質重新去思考他的意義，並接

續下去。

夢想有時候會低著頭走路，記得提醒它要看抬起頭看路。

我升上國中，帶著些微成熟的技術架設了一個綜合型的討論區網站，架設網站需要找網路主機公司租用一個網站空間，就像藝術家如果要展覽作品，必須要先去租用一個美術館的展覽場地是相同的道理，比起美術館的展覽場地一個月需要一萬塊的租金，擺放網站的網站空間相對的便宜許多，我當時租了一年兩百塊的網站空間，在業界是最廉價的方案，能使用的功能也很有限，但我相信這個價格對現在大部分的國中生來說，自掏腰包兩百塊依然是一個很沉重的負擔。

現在看起來是有些好笑的，綜合型論壇看似很偉大卻發揮不了什麼作用，正所謂「樣樣通，樣樣不精」，裡面的討論主題包含魔術、笑話、鬼故事、聊天、相簿、旅遊、美食、社團、工作，因爲之前鑽研了一些電腦技術，當然也成立了相關的討論區，可想而知最後的結果就是很不順遂的失敗了！

但是人生之所以很驚奇，

就是因為我們對它從來沒有服氣過。那就再來一次。

成功的關係是左右：不是上下

台灣人的創業夢很盛行，世界上更是如此，每個人都想當老闆，都想成爲最大、最強、最豐富、最賺錢的商店。

這並不是不可行，因爲現在二十歲的我是一個正在努力進步的例子；但是在當時，我開始思考討論區是否要繼續經營，當時網路上所有的討論區只要有一百個會員討論，就稱爲很大的討論區，但這其中有三個主要盲點：

一、經營討論區不能當飯吃，討論區的討論風氣無法盛行，討論區的專業度有待評估。

二、很多的討論區管理者都希望提供一個平台讓「別人」來討論，但卻忘了自己的領導專業能力有多少。

三、很多的討論區管理者最後都是自己在撰寫文章給別人看，這其中最大的原因是根本沒人回覆意見或撰寫想法，因此討論區變成一個奇怪的「展示」區，這個問題目前仍然蔓延在整個全球網路世界，並未消散。

失敗本身並不可恥，可恥的是失敗之後毫無收穫。

當時我感受到這個討論區網站必須轉型，背後隱含的意義就是過去一年辛苦撰寫的文章內容必須丟掉，這是很痛心的，試著想像當努力一年練等級的遊戲帳號必須砍掉、當辛苦栽種一年的花圃必須剷平、當交往一年的男女朋友必須分手是一樣的道理。

最後，一個論壇討論區搭配了公益理念，以過來人的經驗知道一年租金兩百塊對資金匱乏的人來說是多麼的得來不易，我把從Google所賺取的網站廣告費全部投入租金，擴大租用網站空間，這個時候的開銷對我而言，從一年兩百塊的租金，變成了一年租金五千塊、一萬塊、兩萬塊，感覺很傻，身旁沒有一個人能理解我的行爲，爲什麼要把自己辛苦賺來的微薄廣告費全部投入租金？如同經營一家店，卻把所有營業額含成本整個投入進去，是相同的道理，在當時這個行爲已經創下網路史上的天兵紀錄！

通常，夢想都要做一些難以理解的事情，

—— 這絕對會讓你的絆腳石怯步。

但是，在這裡資源被我重新分配了，讓更多有夢想而資金不足的人們找到了一個歸屬園地，我們一起茁壯，不同的網站、不同的夢想。有些商人用網站幫自己的企業製造通路；有些好心人用網站幫忙基金會宣傳公益活動；有些學生、上班族把自己的生活分享在網站上；有些國中、高中老師成立了教學平台，在課堂外能有另一個輔助學生學習的空間。因爲「免費」，讓網路不再像早期泡沫化一樣只有商業簡單的色彩，鼓勵大家花自己的時間活出自己的專業，分享給每一個眞正需要的人。

我將這個經營模式分享出去，很多人開始利用討論區在跟我做相同的事情，當時在台灣、香港、澳門地區，網路上掀起了一波熱潮：「在討論區，能申請自己的免費網站空間，也能夠交流心得想法，讓很多站長也能同時互相交流！」，這是讓我至今仍然備感溫馨的快樂！雖然因爲一些原因，暫時停止沒有繼續做下去，但現在網路上仍然可以到處看見這種類型的經營模式，只需要上網搜尋：「免費網路空間論壇。」，我相信每個使用這個經營模式的人們，只要秉持這個精神，就能繼續縮減城鄉數位落差，幫助偏遠地區、資金不足而有夢想的朋友，慢慢耕耘他們心中那份被夢想牽引的感動。

我想，如果我當時沒有放下，

我就不會知道我原來還有這麼多的選擇，

原來我可以做的比想像中更勇敢！

小比大更厲害：放下身段更重要

一個你我皆知的事實，每個人的時間是一樣的，我們往往做了比自己現處環境下更雄厚的偉大夢想，總是有一個夢中夢，希望有一天能眞的實現。

當時，我在思考的是能不能討論範圍只剩下兩個主題，能互相照應，就像看手機網路評價的人會順便看看平板電腦的發展，而看平板電腦的人會也看看最新的手機是什麼；我開始發現了這個互相依賴的群組關係，雖然侷限於某小一塊，但是這個討論區內容會變的更有價值。

雖然網站核心內容小，沒有像之前的「全方位」，但夢想卻依然很大，總相信有一天會成功，然而，事實是現在那個討論區早已熄燈，但我並不後悔經營了這個討論區，面對很多問題的哲學，不管是在各行各業，都能取得相同的共識和領悟。

說穿了，道理都是互通的，道理也有學派信仰，

就看你信哪一派會對自己有幫助。

很多老生常談的道理每個人都聽到痲痺了，但我們有時候就是會忽略了這些事，想想最近有什麼事情發生？他帶給了自己什麼啓示？尤其是「把握機會」這件事。

「頭銜」在現今資本主義的社會當中很受重視，也許這個例子會造成部份的人心裡怪怪的，但我沒惡意，只是一個反思：

有個很愛當志工的朋友，現在已經是一個剛趨於穩定的普通上班族，他有一個很好的嗜好就是當志工，我對公益活動的熱誠也很濃厚，於是追問他都在當什麼志工？包含：海外志工、國際營隊隊輔，他的志工類型都是偏國際大型性質的活動，這類型的志工通常都必須自費、花較長的時間在交通上，因此如果能有願意奉獻的金錢、時間許可的朋友，或是用來拓展國際視野，知道自己現在多麼的幸福，這絕對是一件好事。

對於一個薪水趨於剛穩定的普通上班族而言，這確實是一個困難，除了上班時間較長也不固定、薪水較少之外，這個年齡大多數人也會開始比以往來的更加關切對於父母、家人的互動和照顧。

當時我心中反問自己，如果是我，我會做什麼？如果

把家人放著不顧，自己跑去外面協助其他人，尤其是這麼遙遠的志工性質，我想很多人都會認爲這並不妥當。於是最近我去陪伴育幼院的小朋友、協助基金會整理行政資料、慈濟的資源回收分類，以前也帶著班上的同學主動到紅十字會去協助整理當時四川震災凌亂的倉庫。

這些浩大、近距離、需要協助的工作同樣也是需要大家的幫忙，也許沒這麼有趣、頭銜沒那麼吸引人、很無聊的「小工作」，但不可否認的是這些工作需要我們，令人有些諷刺的是，往往這些「小工作」卻是很需要大量的人力來幫忙的，團結起來會是很大的榮耀。我想我必須感謝這位朋友，讓我發覺到自己存在的另一個價值，還有對於「付出」更深層的意義。

現代人也不是不懂得把握機會，因爲資源很豐富，不管是新聞、網路、佈告欄、廣告牆、雜誌到處充滿著訊息，只需要一句：「Yes, I Do.」，憶起黑幼龍先生的一句忠言：「**積極的人會在困難中找機會，消極的人是在機會來臨時還要找困難，找他們無法利用這機會的理由。**」

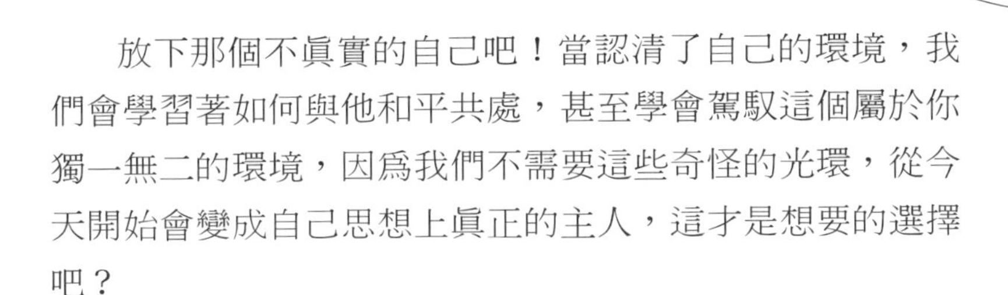

放下那個不眞實的自己吧！當認清了自己的環境，我們會學習著如何與他和平共處，甚至學會駕馭這個屬於你獨一無二的環境，因爲我們不需要這些奇怪的光環，從今天開始會變成自己思想上眞正的主人，這才是想要的選擇吧？

「停」的藝術：重新思考再出發

在業界有個知名的面試考題：

在一個暴風雨的夜晚，你開著一輛昂貴轎車開過公車站牌，看到了三個人，一個是曾經救過你的醫生，你連作夢都會想要報恩，一個是瀕臨死亡邊緣的老人，另一個則是你最心愛的女朋友，你只能載一個人，你會怎麼選擇？

當我問到這個問題，台下的意見就會開始分歧，

有人是這麼回答的：

〈帥哥聽衆〉：當然是女朋友，人還是有自私的時候嘛！

〈美女聽衆〉：我會載老人，因爲他這一生只剩這一個機會，其他人都可以等下一次再載阿！

似乎都不太會有人要馬上想選醫生，但是這個答案應該是把車子的鑰匙給醫生，讓他載這個老人去醫院，中途

有緊急狀況他可以直接簡單處理，而自己留下來和女朋友一起等公車。有時候我們似乎都在矜持著什麼，似乎深怕放掉會發生什麼事情，用另一個觀點反問自己：「我在矜持的原因是……？丟掉會怎麼樣？」

有時候會發現其實找不到什麼答案，應該說根本就沒有標準答案，但是自己總深怕那個原因會不見！

夢想有時候很像小孩，手上握著汽球，很怕被搶走；

------------------ 其實，你可以換成一塊更好吃的乳酪。

很多人都說人生就像馬拉松，但是這個馬拉松跑的方式卻很不同，有人背了十噸重的米在跑，一直加重深怕哪天沒食物吃，而有人只拿了一瓶水，就開始跑了！

那個背了十噸重的人可能要等到哪天遇到一個天眞的小孩，問他說：「爲什麼你要背那麼多東西阿？」卸下身上的重量之後，帶著鬆了一口氣的心情用力奔跑下去，這個時候衝得更快、可以做得事情也更多了。

慶幸的是，很少人一開始就只拿著一瓶水就出發了！我們往往是在中途被叫住，在那邊拚了命地哀號，露出等人施捨的楚楚可憐表情，似乎在等待著哪個救星降臨，最後總被一句沒幾個字的忠言驚醒！所以還沒被叫住的人，看到這邊應該也該被我…

這個「天真的小孩」

——叫住了。

別等自己準備好才去圓夢，因為你不會知道什麼時候準備好了，不如先做吧！

這是「停」的藝術，不會讓你只停一次，也不會讓你自主性地想停就能停下來，常常必須透過一些事情、看到一些東西，讓自己醒過來，這會不斷的反覆，至今每個人都還在反覆學習如何操控這個頑皮的東西，因爲不同的領域、不同的心境都是變因，這不是物理學中的控制變因，假設其他變因都是固定的或並不存在，也因爲這些不確定，讓我們能夠擁有屬於我們眞正的選擇。

TIPS

解凍自己的第二步 —

與其厭惡那些怪物，

不如留給自己時間欣賞「停」的藝術。

1-3 慶幸茫然，因為我們要的真的不多，和他握手就好！

只有選項，沒有「隨便」：鬼故事的道理

每個學校都有自己千奇百怪的鬼故事，在此先來個位於台灣淡江大學的校園鬼故事。

在這所大學裡有個古色古香的景點「宮燈大道」，是校園中最古老的教室，時常成爲偶像劇的拍攝場景，包含最近談論李大仁和程又青的知名偶像劇，但是學生口耳相傳有個女生爲了和一個男生，小倆口約在晚上十二點的宮燈大道第三根柱子下相會私奔，後來那個男生卻爽約沒有相會，傷心的女孩便在那邊自殺，因此聽說每到晚上十二點，如果在那根柱子下看到有個人問說：「現在幾點了？」，絕對不可以回答她，否則就會被她帶走，這是每屆學長姐會告誡學弟妹的著名鬼故事——「宮燈姊姊傳說」。

我想在這邊要幫宮燈姐姐來抱屈，其實宮燈姐姐並沒辦法嚇死人，眞正會讓你被嚇死的是你自己，當然！還有傳給你這則鬼故事的人——我。我們想太多了，讓自己產生恐懼、茫然、緊張，最後只好不知所措，像個鴕鳥般地躲起來，因爲不敢讓人知道這一切事實，所以就很豪邁地跟別人說：「隨便啦！」或是「無所謂！」，這很可能就是個問題。

搖頭比點頭容易：吸引力法則的魅力

還記得最後一次有人對著你說：「隨便是一種不負責任的行爲。」這句話的人是誰嗎？這是一句很誠懇的問題，原因來自於自信，那是一種對未來的空白，對接下這個工作會不會產生什麼後遺症？會不會被人輿論？會不會被你所聽不到的聲音指指點點？當開始產生這些問題，就會讓自己從「不會」催眠變成「會」，最後就眞的讓您夢想成眞，如君所願的實現！緊接著而來的是，對身旁的夥伴哭訴：「看吧！我就說我做不好嘛！早知道就不做了！」

夢想成真，不是傳說，是信念。

這是一個很神奇的心靈法則，根據實驗研究的確會這麼發生，所以後來科學家反向思考的利用「我很幸運！」這句話進行實驗，發現大腦有一個功能負責這類型的刺激分泌。

這個功能並不是魔法可以改變一切事實，但是當告訴自己正面的力量，這個功能會讓你的正面行動力增加，而去達到這個本來始料未及、充滿不安的事情。

一個知名電腦公司最近在應徵人。第一個人一輩子還沒寫過自傳，過去工作的單位只要求簡歷，因此遇到要求自傳，當然自然開始產生慌恐；第二個人一輩子寫過好多次自傳，但都被退件；第三個人寫了一份很成功的自傳，卻面試處處撞壁。

這三類的人誰比較倒楣？其實三個都很幸運，他們擁有了調整自己的機會，當進入一家公司就邁入了下一個被定型化的工作，沒寫過自傳的人，正好藉此開始讓自己擁有第一份紀念性的自傳，雖然無法販賣，但對自己過去的經驗也總該有個交代了！

所以寫完之後，第一個沒寫過自傳的人很興奮地告訴主管，他終於知道他過去在做什麼了，也知道有哪些地方不足，這裡所謂的不足並不只是能力上的不足，還包含了他的生活休閒、陪伴身旁的人，還有那封箱已久的夢想，開始思考有沒有比除了工作、進修還更重要的事？

第二個被退件自傳的人，他發現了自己的盲點，他的自傳內容太過狹隘，而忘了面試主管所在意的方向，所以他只是在練習同一份自傳，幫它寫了很多遍而已，開始學會用別人的角度思考事情，站在不同的視野，風景會跟著有所轉變，正所謂的遠近高低各不同。

第三個面試處處撞壁的人，他發現原來問題並不是出在表達方式，他的敘述方式循序漸進、口條清晰，主因反而卻出在他那份很自豪的自傳，寫的太完美跟膨脹自我，

造成事實與敘述內容的落差太大，他開始學會謙虛，用貼心、包容、關懷的立場去描述一件事實。與其說是他們被別人面試，更好的詮釋是他們正在用自傳面試自己。

一般人對於寫自傳很畏懼，或許有些人根本不是害怕自己的經歷不足，反而是在擔心對手的經歷太多，更何況是面試一家知名的電腦公司。

如果，他們沒給自己這一個機會，不會發現這麼多過去埋頭苦幹下的疏忽，**想要成功，必須先給自己一個開頭機會，逼迫自己去檢視自己的不足，如果連機會都不給，這就不是命運的錯了。**

給夢想一個執行的機會，它才會願意說出它的想法。

向後跑比向前跑更偉大：反向思維，只需要和自己唱反調

在一次訪談裡，戴勝益先生身爲一個知名餐飲連鎖集團的負責人，發表了一個「非親條款」，意思是不讓自己的小孩進入自己的公司工作之外，還把自己的80%的財產捐出去，讓自己的女兒從零開始，他不願剝奪女兒從零開始學習探索的機會。

戴董事長認爲現在的年輕人很可憐，一踏入社會就得靠父母的財產生活，沒有企圖心和自己的事業，因此他只好忍痛做出這個決定，先讓女兒隱瞞自己的身分，避免學校的差別待遇，接著和同學一起掃廁所，讓他女兒的生活必須和一般人一樣。

除此之外，搭飛機也坐經濟艙、上學的背包從夜市買來的，他認爲這才是一個有血汗、有淚、有感覺的眞實生活。他提到女兒未來所賺的人生第一桶金才是眞正屬於他的，拿到第一個一百萬的感覺，那個時候的興奮感，相較於和直接輕易從爸爸那邊取得的一百萬，這不痛不癢的感覺，兩者是很有懸殊的。

他做出了與一般父母反向的思維，還把自己的大部分財產捐出，我期許十年、二十年、三十年後的自己能有這個能力做出這樣勇敢的決策。在這之前，讓我們先來談談如何整合我們身邊的資源可能顯得更爲重要，讓自己狠狠地賺到一個成功，幫自己接觸到這些資源，才有機會開始運用它們。

從大學生的口中常常可以聽到：「讀這個以後又用不到。」、「反正現在讀的科系，以後出社會職場又不一定相同。」這是一個看似很有道理，順著潮流的抱怨，卻一點道理也沒有；從社會工作者的口中也可以常常聽到：「整天忙、忙、忙，累壞了！」、「爲什麼偏偏要找我？眞衰。」這也是一個看似反映出事實的眞言，順著社會的常態，卻沒發掘問題的本質不在那邊。

如果你開始抱怨你的夢想，你已經離它更近一步了，

因為遙遠的夢想是不會有感覺的。

容許我這麼說，人是一個很容易抱怨的動物，當我們遇到與內心的期許不相同的時候，隨意的「脫口秀」，累積下來會是很可觀的壞習慣。小時候每次做錯事，媽媽總會說：「一個巴掌拍不響。」結果哥哥帶弟弟、姐姐帶妹妹，搞不好連隔壁鄰居的小孩都連帶一起被罰站了。

人也是一個群居的動物，我們追尋認同感，所以當周遭的人都是如此的時候，便很容易的自我感覺良好，卻不知道危險正在發生，因爲追求安逸，像吃了全世界最有效的安眠藥一樣，卻殊不知安逸才是全世界最恐怖的安眠藥，慢、慢、上、癮。

出了社會的人們常發現自己的工作和求學時期的本業並無相關，因爲人的一生根據調查平均會更換七個不同類型的工作，但不可否認的是我們永遠都不知道哪一天會使用到所學的專業，少數人能在選擇專業類科前就決定好自己要走的方向，我在上大學之前大概知道自己的走向是全台灣競爭對手最多的資訊學系，這讓我其實是一則以喜、一則以憂，競爭對手過多確實是讓自己處於一個不利的狀況，第二專長會顯得更爲重要了。

賦予夢想多一雙羽翼展翅高飛，

它會帶你飛往世界的盡頭，找到那個屬於你的寶藏。

我熱愛作文、國語演說，曾經進入全國賽獲得佳績，最後卻進來的是資訊學系，誇張的是在資訊學系的生涯還寫下了一本完全和電腦沒什麼關聯的心靈分享書籍，突然有種澎湃地感謝當時國語演說的指導老師。

每天的嚴格練習技巧，因爲都運用午休時間練習，午睡當時對我來說跟寶藏一樣的珍貴，卻讓我學會如何臨機應變適當地表述自己和他人的價值觀，還記得當時國語演說的比賽規則是上台前三十分鐘隨機抽題，題目不能事前公布，必須在三十分鐘内從撰稿開始準備，並於台上比賽時控制時間在五分鐘到六分鐘之間，少於或多於都會扣分，現在回想起來，當時在台上發抖、嘴唇發白、機器人走路的模樣，還是會讓人覺得很好笑。

以前進入華碩電腦當實習生，原本以爲是和電腦有相關，卻隨之而來的是一場行銷企劃比賽，當時反而開始責怪系上爲什麼還沒教到行銷學？經濟學？理財？告訴我這個東西該如何去做！或許是現在修到這些科目上課會特別有感觸的原因，嘗過了苦頭，知道了甘甜是取之不易的，

老天會很眷顧有努力的人，大學生涯史上期中考三科都拿一百分的奇蹟，神奇地發生了。

這個小故事讓我體悟到，在不知道有沒有用之前，千萬別告訴自己沒有用！一句無心的話有可能會害死一個人的一生。

你需要幫夢想儲值，

免得要領款的時候，戶頭是空的就尷尬了。

美國哈佛大學的智慧美言，要求我們改變自己的習慣用語：

「我累壞了」變成「工作終於完成了，真是輕鬆啊！」

「你的座位太亂了吧!」變成「可以一邊整理、一邊運動耶!」

「為什麼偏偏要找我？」變成「YES!我又多了一個機會!」

無力感會讓人不願意行動，只需要從改變習慣用語著手，讓正面的話語加強勢力，力量就會跟著湧上心頭，這在很多人生道理或宗教上都有敘述到相同的觀念，我們只

不過是不經意的脫口而出，有時候是無心的，但累積下來就會變成難以修正的口頭禪，也就會影響到自己內心的行爲意願了。

其實只少了第一次：之後就能得到很多次

與其花錢在電影院，不如看一場免費的電影是另一種特別的選擇，讓自己停下腳步，坐在公園座椅上、公車座椅上、學校教室座椅上、辦公室的座椅上，或是現在看看你的周圍吧！讓視線聚焦到每個人的「走路行爲」，會發現有的人走路走得很慵懶，彷彿在跟你說：「我不知道現在要做什麼？」、「我現在很放鬆，心情很平靜。」；也有發現走路很快的人，彷彿在跟你說：「我現在很忙，不要打擾我！」、「每天的生活都是輕快的節奏。」

加速腳步走路，讓自己的節奏加快，就很容易會獲得正面的能量，當一個人快速運作的循環下，思考會變得較為單純、有活力，很多的事情感覺也會變的簡單多了。

企業導向以人爲本的文化，把員工當作資產，不再是一個成本，這是目前很多企業轉型上的走向，但最困擾的應該是客服人員，解決替換率是一個重要的問題。在一次會議結束之後，我留下一個新進的客服人員，在我們的組織裡面，因應美國與亞洲的業務需要，我們分爲英文客服和中文客服，也根據技術實務上的需要根據部門分劃線上客服、後端客服等。

他是負責台灣區電話接聽的中文客服，白話一點說就是如果有客訴電話，還沒釐清眞正原因，就有可能會先被客戶挨罵的人，但是每個人都是人，都身之父母、受之父母，求學階段也各有專長，結果出了社會當上客服人員，卻有時候必須接到這種電話，難免心情上的調適會出狀況，導致他很不願意接聽電話，縱使我們目前一百通電話，只會有兩通是客訴電話，這對企業來說是很嚴重的問題，客服是一個團隊的門面，熱情如果消失了，再好的服務也是無法彌補的。

夢想的燃料是熱情，

------------------ 要燒在古老的壁爐裡才會更有氣氛。

有同業跟我說直接替換人比較快，這是一個方法，但治標不治本。我請這個客服在每一通電話之後，寫下一句他的心情結語，十個看下來有八個是「好煩喔！又是這個問題。」，另外兩個則是「這個人很有禮貌。」、「他講話好有趣。」

我反問他爲什麼會認爲這兩個人很有禮貌、很有趣？他答不出來，只吞吞吐吐地回答：「感覺。」

Bingo！答案就是感覺，那兩個客戶知道客服每天要接那麼多的電話，他們用客服的立場想事情，所以讓這個客服人員感覺很舒服，但是人光靠感覺是不夠的，爲他人設身處地著想是件好事，但是當如果一天下來要幫一百個人著想，一個禮拜必須幫五百個人著想的時候，很容易就失控了。

我請他在以後的電話對談時，多加上一句無傷大雅、不侵犯隱私的話語送給來電的客戶，讓對方有感覺最好的方式就是讓他直接知道「你在乎我！」也許只不過是寒暄問暖。

「溫度冷嗎？有沒有多穿件衣服？」，或是「玩的愉快！」

人眞的是很有感情的，客戶漸漸的會和他交心，相互關懷，他拿掉了原本的「好煩喔！又是這個問題。」，現在變成了「吳先生最近很喜歡吃關東煮。」。他也很自律，不會聊太久，而忘了工作，現在反而是我要要求他不要接太多電話，把自己累壞掉，拼命地趕他下班，客戶會把心裡的建議或好的點子講出來，讓企業能有更多改善、更棒的進步空間。

碰到茫然，轉個彎，繞過去就不會是茫然，寫到這邊也該幫剛剛有被鬼故事「宮燈姐姐傳說」嚇到的朋友壓壓驚了，現在其實學生們都開始揪團一夥人共同尋找宮燈姐姐，有一次遇到半夜還在開會的社團團員們，他們半開玩笑地跟我說：

「我比較希望宮燈姐姐能送宵夜給我們，天氣好冷喔！」

解凍自己第三步 —
謠言如果比事實更恐怖，
直走如果比轉彎更困難，先轉彎再說吧！

◎ 特別章節〈一〉：OURS遠距離，默契手札-真摯

3BEST網路主機的不敗傳說在網路蔓延，三個年輕小夥子，知名歌手官方網站管理員稱呼我們爲「三龍頭」，當時是歌手發片期，網站人潮踴躍，我們在最快速的情況下，把本來緩慢堵塞的官方網站，變暢通了！網友又戲稱爲「網路主機界的　網路三兄弟」，但別會錯意，我們不是打架這招很勇猛，只是我們三個總能激發出鬼靈精怪的神奇點子，幫這個 網路主機 產業注入一個活水，常常湧入讓競爭對手措手不及的Good Idea！擊掌！

嘿！這是一段會讓你感動的故事，因爲很多很多年前，我遇到了兩個頑皮男孩，比偶像劇還更偶像劇，知己不是女生的專利，男生也是會有眞心的知己。

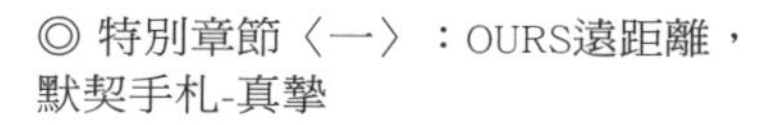

在這之前，我只是一個單純吹著法國號的小孩，

------ 誤打誤撞的進入了管樂團，從音符開始學起，

------- 開始吹出第一個音已經是三個月後的事情了。

在這之前，我只是一個很喜歡唱歌的小孩，

常常是拿著麥克風欲罷不能的那個人，

因此在KTV唱歌總是很划算，有人負責吃，有人負責唱，

當然！也是會有人負責端東西的。

喜歡音樂，我交到了一個好朋友，在管樂團內認眞吹奏小號，功課又超好的Eric，當時的身高就已經比我高了，現在更是男生們的最佳夢想身高！

▼ Eric

▲ Kevin

◀ Chris 作者

Eric追尋夢想，去美國認識了當時也在美國的Kevin，兩個愛打籃球的小孩，變成了球友，整天在球場廝殺球技，Eric在這個時候已經早我一步和Kevin先變成了好朋友了！

他們課程結束，一起飛回台灣，我又交到了好朋友，很有想法的Kevin，他一直說他很胖，明明就是個瘦子一枚！

台北有陽明山，新竹也有小陽明山－「十八尖山」。

這是一座一點都不尖、更不陡峭的山坡，

坡緩、路順、有音樂，很適合三五好友出遊聊天，

別懷疑！我們的第一次聚會，活動是跑山！

Kevin喜歡吃地瓜球，Eric喜歡吃炸雞，我喜歡吃薯條，

每到熱鬧的餐廳、攤販街、夜市，三樣炸食必點，

缺一不可，邊走邊聊，人小志氣高，

聊到了「公益」這件事。

總想爲社會做些什麼，感覺樣樣通，其實樣樣不通，

原來，電腦網路　是我們共同的熱愛，

但都不愛玩遊戲，很奇怪的三人組。

那麼就「讓夢想有個降落萌芽的地方吧！」

異口同聲地說。

之後的討論策略，每週會議停不下來。

喔不！還有功課要寫啊！

換變成討論數學、英文、國文、理化、社會，

互相扶持，最後…

每週開會不知道是在開「公益會議」？

還是「功課會議」？

你說呢？

好朋友的好處是 －

無聊的時候，旁邊總有人能讓你不孤單，

但有時也會不想理你，讓你體會一個人寂寞，

知道他們平常有多好。

好朋友的好處是 －

可以讓夢想變得更有力量，不需要孤獨奮戰，

但也要等身旁落後的夥伴追上，

學會「互相勉勵」一起向前衝。

好朋友的好處是－

難過的時候，可以講話講到沙啞，還是想繼續講，

眼淚掉下來的那一剎那，

是勇敢的表現，不是怕被嘲笑的恐懼。

好朋友的好處是－

不管你搥他幾百次，他都不會還手，

或乾脆跟你大吵一架，不管是什麼反應，

最後還是好朋友，他只是讓你發洩情緒。

好朋友的好處是－

做錯事的時候，他會一針見血的告訴你，

你也有可能會被話語刺傷，

但最後他會再把你扶起來，

繼續勇敢陪你一起去面對。

共同的夢想正在實現，自己的前途也要逐步實現，現在三個人身處三個異地，三地之間彼此跨越著很深的海洋，卻澆不息那份熱火，在三個地方繼續勇敢的燃燒著。到現在每個寒假、暑假就是三個人一同遨遊的時間，一趟就是好長的假期、好多個快樂的日子，或許這就是期待吧！在通往未來的道路上，給自己的期待跟獎勵！除了出去玩很開心，更開心的是能見到摯友的喜悅。

常常Skype電腦視訊語音通話、line手機免費簡訊的亂聊一通、訊息亂傳一堆。

夢想的會議正在延續，自己的未來也在認真實踐

至今相互扶持地照顧，每當去夜市，走在路上

看到地瓜球、炸雞、薯條就忍不住想買來吃一口

走在路上的人們應該都不知道我在滿足什麼

因為只有我知道，手上這三袋的意義

是我很珍惜而得來不易

真摯的友情。

解凍自己第四步 —
珍惜身旁的每一個人，不要利用他們，
因為他們是你最珍貴的收藏品。

第二章

從現在的工作著手

2-1 珍惜，是不是為了下次的失去，而做的準備？

練習射擊精準度：夢想，就從現在工作下手，那條路不一定比現在好走。

「Hey, I recently found one thing better than this！」

（嘿！我最近發現一個比現在更棒的方法）

「Oh no！Why I chose this way. It hurts.」

（喔不！為什麼我會踏上這條路啊！好痛！）

「I can' t stand you treating it like this way. Terrible！」

（我絕對無法忍受你這樣的對待他，糟透了！）

工作態度就會決定夢想的態度，

------ 因為夢想的路上常常會遇到更不順遂的事情。

堅持於一個執著，是好還是壞？什麼是生活呢？我們大部分過往的經歷是照著上面三句話過日子，下面有個真實事件：

〈李先生的美夢矛盾－問題〉

「李先生是剛出社會的普通上班族，但他對生活充滿很濃厚的熱誠，前輩告訴他必須在上班時間的額外時間努力充實自己，並且要能在工作時間內提升自己的效率，因此他犧牲了很多陪家人、朋友的假日時間、休閒娛樂的夜晚時間，聽了好多場演講、上了好多門課、看了好多本書，每次走出門外，感覺就像經歷了一場森林浴，重新洗淨自己的靈魂，儘管自己再累也無所謂，因爲他深信『機會是留給準備好的人』。

在這個日子裡，李先生就像是能力導師，他擁有自信，也能給予朋友們支柱的靠山，在樣樣精通的本事裡過著心靈富裕的生活，這個生活是快樂的，他用自己的感覺與想法過他所想要的生活，對於充實能力的觀點來說，這是一個很棒的生活；至少，他知道自己正在做什麼。

數個月過去了，他卻開始感覺進步幅度渺小，李先生開始感覺『效果不彰』，無法提升薪水和職位也就罷了，而且主管開始覺得他漫不經心、做事不認眞，但他也說不出個所以然，以前聽過的演講、看過的書籍所教的方法無法貫徹使用，便回想起『說的比做的簡單』的道理，因此認爲是主管的問題，不懂得珍惜這麼進取的人才，李先生和朋友們抱怨，生活週遭的朋友安慰他，也支持他離開公司。」

這是一個很詭異的事實，相似的事件在各行各業，甚至是學生在外半工半讀或實習工作，可能都有類似的經驗，我們讓事情倒帶，這中間產生了一些「不精準」，而「不精準」的原因是來自最初的想法。

最初的夢想，莫忘初衷。

〈李先生的美夢矛盾－建議〉

效率從簡化下手：積極的人生，不能只在工作時提升效率

學習是永不止息的一環，李先生在學習的過程也需要注意效率，開始學習「減法哲學」，讓自己的想法開始精簡化，只取最重要的精華，不能把所有的時間都栽在學習中，一味的求一個提升自己的價值和薪資。

在升大學之前，我和家人一同住在一起，學生的心態當然是能往外跑，則往外跑，因此幫自己花了很多的時間在「向外衝」，我非常能了解學生往外衝的心態，因爲很多的家教很嚴格，例如每次出門時要和家人報備得到許可，甚至有些還必須要看家人的臉色才能出門，所以我們無形之中養成了「努力衝」的習慣，這個現代社會的資源很多，可以說是唾手可得，因此養成這個習慣也就不那麼困難了，甚至是待在家裡，只要使用電腦網路、電視娛

樂，一樣可以做到「向外衝」的後天天賦。

升上大學，一個人在外的生活已經沒有往外衝的困擾（當然很多人可能還存在著這項困擾），突然時間多太多出來，要做什麼呢？提升自己每件事情的效率吧！尤其是「主要任務之外」的運用效率，我們會很注意自己執行主要任務時的狀況（學生會注意讀書、上班族會注意工作），這是可以養成的。

例如朋友的聚餐，以一個單位的時間（例如：1.5小時爲單位），而戶外旅遊，我們常常會抱怨「沒時間」、「太忙」，我們可以利用現有的社會優惠去達成，返鄉或旅遊也能使用悠遊卡以低價享受自強號的交通時間，或採預先購買的客運方式去減價；經濟許可的情形下，像台灣高鐵訂票有個活動是前15日七折優惠，再加上知名咖啡店推出的咖啡買一送一優惠，可以大幅壓縮交通時間，而票價卻能和台鐵自強號票價相近，還能享受高級咖啡優惠，那天的心情和朋友們相處是不是會變的不一樣呢？

當然，也**別忘了和家人相處的時間，頻繁交流是很重要的，因為家人是你的肩膀。**

常常讓自己有個小愉快，換點心境，

也換點角度，你就能描繪夢想的面面觀。

我必須說，部分家庭經濟富有的人們，會對於「減價」和「提前預約」的感觸並不深刻，但這些省下來的金錢如果能用於公益捐贈，長期的額外累積對社會回饋是很有幫助的，而「提前預約」能幫助我們產生接下來所要講的「原則」。我們必須讓自己有一些原則，和對社會資訊的敏感度；「原則」能幫自己處在一個習慣的效率固定模式中，產生一個處理事情的習慣，不會滿腦子都是雜亂的想法，讓自己處於混亂的環境中；對我而言，先前學習「個人理財」、「投資學」、「保險學」、「風險管理」，就是幫自己的未來買了最好的保障，也是產生這個「未來保障」之前，需要充實學習的能力。

幫夢想買保險，每個月的都要記得繳交保險費。

精準從Ready下手：積極的人生，要找到精準的學習模式

我相信所有的行銷企劃人員都會產生一種職業病，對於看到的廣告、各產品的促銷活動，看到的絕對不是他所給予的折扣優惠或贈品，而是腦袋中開始浮現計算機，接

下來用最快速的方式計算他所需要產生的行銷費用、行銷策略，並推估產品本身的成本以及人事費用，最後開始計算關於「投資報酬率」的問題，努力的計算著投資這筆成本下去，最後賺得的利益和所花的時間，是不是有很大的利潤。

免費或折扣的活動很多元化，企業爲了招攬生意不惜祭出「免費」的課程，無論是心靈層面、能力層面、證照層面，甚至是免費抽獎、免費來店禮、免費旅遊。學習的模式往往是先廣再深，這是爲了能抓準一個確切的方向，但在這麼多優惠中，會不會就是因爲太多的「免費」，所以讓自己迷失了？

記得有一次在Microsoft公司裡面聽台灣微軟副總經理分享演講時，他開口的第一句是：「你準備好了嗎？當踏入每一場演講、每一堂課程，踏入門前時，請告訴自己一個踏入這個課程的理由，只有『Ready』，你才會知道自己存在這堂課中的意義。」

我們如果從這堆茫海之中去找尋自己的興趣和進修的方式，也許是很耗功夫的一件事，也許，換角度問自己會快一點。

簡單的想法運用，將所有可能的原因列出來：

想做什麼？－我想在 5 年之後買一部兩百萬的車子。

為什麼需要？－接送小孩、載女朋友、很威風。

如何達成？－

存款→買儲蓄型保險逼迫自己存款、買基金投資。

對現在生活的影響是什麼？－

買儲蓄型保險，保費每月四千塊。

我需要－

提升薪水，因此需要進修、學習理財減少開銷、學習投資成功率。

當把自己的慾望變成數據化，就能評估是否適合執行，知道自己的慾望在哪邊要「停」下來，而在股票上就稱之為「停損點」。而李先生在學習上必須先幫自己分析這份工作他最需要的項目是哪些？升上下一個層級的工作任務又需要哪些能力？共同的項目例如「時間管理」，可能是首要課題，並透過和前輩的吃飯時間交流，謙虛知道前輩現在在執行工作時的盲點，並讓自己在額外進修時間去改善，職場中的黑暗是眾所皆知，但適當的分享也是必要的。

常常將夢想分享給身旁的人，

和他們一起分享和你築夢過程的喜悅。

聆聽表達一樣重要：積極的人生，先聽再說

如果你覺得表達是一件很重要的事情，那麼聆聽就是一件同等重要的事情了。在浴室洗澡的時候，我們一定是先堵住流水孔，再將水龍頭打開，防止水流出去；相同的，讓自己的表達和聆聽保持相同的速度是重要的，在這個論點時我曾經被一個時報的讀者質疑，質疑「等速」的意義，爲何不是聆聽比表達還重要？

再回去想想浴缸，水流如果太滿，就會溢出來，會造成淹水，弄得全身濕；成功的要素在於樂於分享和樂於吸收，這和愛炫耀是不相關的另一回事，這是「共好」的精神。

一起努力、一起去做、一起分享、

一起酸甜苦辣，一起回憶這些美好的過程。

在3BEST決定一個產品策略，我盡可能的把競爭對手變成自己的夥伴，這當然考驗的是這個產品究竟能有多大的能耐，經的起「利潤分享」的考驗；現在想創業的人很多，但對於「共好」的執行卻見仁見智，這中間牽扯的因素千奇百怪，但我想分享的是關於經驗交流的這一塊。

「教育訓練」是一個團隊在培訓員工時很重要的因素，在3BEST內的教育訓練分為兩種，一種是眾所皆知的「講師對員工」，然而還有另外一種是「員工對員工」，而這些員工不一定是主管，有些只是一個基層員工，對於第一線的經驗分享絕對是一個企業的第一手資訊來源，第一個把關者的熱情，我相信會影響到一個企業在判別時的準確性，小時候我們經常使用數學的四捨五入，經過多次計算後的四捨五入，我們會有標準差距的合理計算錯誤範圍，對於市場的精準性必須降低錯誤資訊，更別提是少數人為了湊數量而產生的虛報數字。

雖然基層員工的經歷不見得比一個高層長官多，但是對於教育訓練，這是一個很好的分享平台，聽取員工的意見分享，並給予自己處理相似經驗的分享，可以幫助員工更容易理解自己想要表達的內容，過多的理論對於一個員工而言是需要另外消化的，很可能誤解其用意。

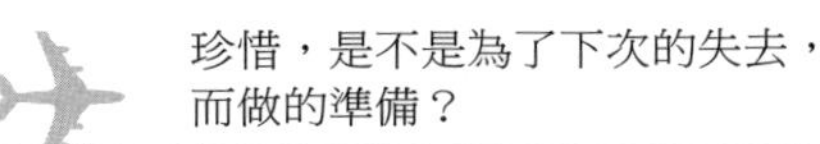

如果這份夢想，

能放心的交給一個夥伴代替你去完成，

你會選擇誰呢？

那個人也許能變成你很好的築夢夥伴。

回到實際案例，李先生在對於主管的指教時，必須先認知主管是結果導向，也就是說看的是執行結果，這中間可以花多一些心思在體貼、體恤同事與主管，對於一個個人品牌的經營，是一個細微的項目；舉例來說，在電郵信件的溝通上，轉寄郵件不只是轉寄內容，加個短短的個人建議在信件內，可給予一些建議或選項，而不是轉寄信件且又拋出一個問題等待另一個收件者去解決，判別信件內容所述，幫信件主題增加 緊急處理 、 今天需處理 、 兩天內處理 、 閒聊 等，會讓收件人備感貼心，感覺是一封聽取信件需求而表達出來之後被消化的內容，而不是一封被轉寄多次的信件而已。

收納夢想，需要創意的整理方法，

------------- 一次塞進抽屜，就會不想再拿出來了。

〈黃同學的社團困擾－問題〉

「黃同學在大學社團中十分活躍，在社團的每個活動籌備上也相當積極，擔任過活動執行長、機動長、美宣長、活動長，雖然頭銜很多，卻有時候感到無奈，成員們不積極參與、開會遲到早退、成品不如預期所料，經過很多次的籌備，最後終於將活動辦起來了，最後的結果也很欣慰，在檢討會上成員們紛紛給予回饋建議，儘管黃同學也向所有人喊話，卻在下一次的活動上，重覆的戲碼依然上演，短暫的改善得不到太多的效用。」

社團的準備對於學生而言，是踏入社會處理專案上的一個學習過程，有些學校的社團風氣鼎盛，有些學校對於社團的培訓花得心思較少，無論是實際例子中的社團案例，或是平時同學們在課程中分組報告上的工作分配，總會有人很珍惜這些工作，努力的去表現自己，也有人很不給力地當個拖油瓶，老是當個「拉拉隊」，爲小組製造不少麻煩，成爲「Trouble Maker」。

於是整個團隊進入一個「做好就好了」的心態，當然在最後的成績也就不一定是那麼好看了，所有的人無形之中，不知道已經幫自己丟掉了一個展現舞台的機會。

〈黃同學的社團困擾－建議〉

機會是共同擁有的：獨享杯不會比團購的價格便宜

在消費社會裡，頭銜對於人們來說似乎是重要的，追求名利的弊病，讓自己有個傲人的頭銜，而這個傲人的頭銜也必須展現讓人敬佩的組織能力才行。

一個共識，對於組織來說相當重要，尤其是「向心力」更是不可缺少，社團的活動執行長要支配給其他小組，首要的任務必須先凝聚這股共識，並給予參與的成員有「共享榮耀」的價值，這是需要長期累積，且共同分享過去社團在外的肯定。

如果向心力是咖啡因，熱情就是那杯咖啡。

掌握時間更有力：多一點想法，少很多時間

很多次參與社團參與開會的經驗，看到了一些程序處理上容易出現的狀況，在時間上，開會事前的準備絕對是必要的，每個人都應該帶有自己的想法來開會，要求每個成員都於開會事前繳交一份負責內容的計畫書（Proposal），直接針對內容進行綜合討論，每個人也都會帶有已經思考過後的想法來這場會議，對於所有人的時間都能夠減少，保留自己的時間去做其他事情。

記得第一次看到社團開會時，我被開會時間嚇到了，這個程序通常都會高達四個小時，甚至半夜十二點才結束的開會似乎都可以常有耳聞，僅是一個大概結構，加上參與人員不齊，很容易讓少數人去決定大部分的事情，最後導致向心力就開始慢慢瓦解。

如果能加上 開會時間調查 ，並提供線上會議和一般會議兩種方式，讓領導者能夠參考所有人方便的時間來進行會議，並預留三天的彈性期間，可以在盡可能不破壞每個人生活步調的情況下，讓這整件事情有個順暢的發展；身為一個活動各小組的領導者，不但要對於參與活動的成員來賓照顧之外，也必須考量到自己以及所有工作人員的時間彈性。

一個會說故事的夢想，能獲得旁人更多的支持和期待。

轉機

如果你的生活不斷的重覆上演前面對話相同的情節，也許，這並不是你的問題，但一定是你找到希望的方向。這些東西看起來並不相關，卻會互相影響，因爲人是一個會記取過去的個體，儘管我們強調都要放下過去，向未來看齊，但並不是每個人都做的到，身爲自己生活的領導者，在我們珍惜每一次的活動、每一場開會、每一個聚會的同時，必須先提醒自己，我們是不是正在流失了什麼？還是能因爲這一次的聚集，讓動力和向心力能繼續累積，就像銀行的存款一樣，日日累積成長。

解凍自己的第五步 —

吹頭髮用正確的吹法，

就可以減少整理零亂頭髮和抹髮蠟的時間。

2-2 了解個性，是讓自己前進，還是讓自己被限制？

個性，先嘗試再了解：關於個性，我說的算！

那年小學五年級，在班上成績優異的表現跟課外活動很容易受到其他同學父母親的關心，懵懵懂懂地讓自己參與了許多事情，那是人生的第一次接觸架設網站，讓我現在能成立了組織一個團隊；人生第一次接觸演講比賽，讓我在高中一年級獲得了新竹縣縣賽國語演說組第一名；人生第一次接觸關於「責任」這檔事，因爲當時身爲班長的一個失誤，讓一名同學失去了日本參訪的交換資格，幸好最後學校伸出援手得以讓那名同學取得資格；還有對當時艱難的數學－「分數計算」，沒有補習之下，下課追著老師問問題的結果，就是那次計算分母分子的段考，劃下人生的第一次一百分，讓我現在雖然有工作在身，對於學習的態度始終保有熱誠，身爲學生的本份，仍然要把最厚實的底盤紮穩，才能跳的更高、更遠、更遼闊。所以……

什麼是個性啊？

媽媽當時幫我不知道從哪邊弄來一張詭譎的心理測驗，心理測驗說：「你的個性很容易和男生們跟女生們相處，人際關係會很好，圓滑處事的個性會帶給你很多收穫，保持下去吧！」所以，這就是我的個性？怎麼聽起來好像很沒個性？個性不就應該是要有自己的風格嗎？學會判斷適合自己和不適合自己，有行事的作風，不是這樣才對嗎？

過沒多久，老天啊！被輔導室抽中去做「性向測驗」，起初我還以爲是要針對喜歡戀愛的性別對象去做一場「性向測驗」的檢測，這哪有什麼好檢測的，我喜歡的是女生啊！原來是對於「偏向喜好的科目類別」做一個測驗，幫助自己更了解未來發展的職業。

老實講，我相信這個問題到現在去問大學生，一定還是有很多人答不出來的。我測驗的結果是偏向自然科學，但現在回想起來是頗奇怪的，國一修的生物，大概就驗證了這個測驗結果似乎不正確，生物這門課是國中三年當中，我讀得最不好的一科，雖然我高中是數理類組，但我的物理跟化學實在也沒好到哪去，果然僅供參考，還眞的只是「參考」。

把別人的夢想當自己的夢想，

------ 就像把別人的工作當自己的工作一樣的不甘願。

到現在，我很欣慰的是考上了一個我所喜愛的系所，以及創立了一家專門接國際訂單的網路主機團隊，繼續在自己喜愛的領域活躍。我的個性是坦率的，不折不扣的即時行動派，另一個角度來說是少一根筋的，橫衝直撞的天兵隊長；我必須說我過去做過了不少蠢事，儘管在國小、國中、高中都已經當過班長，可謂是一個「老班長」，高

中的運動會還是發生了糗事，荒謬地跟全班宣布「運動會進場要穿制服」，還說是學校的規定，雖然同學們覺得奇怪，但這個老班長應該是不會出錯的，很不巧的，我錯了。好吧！傻人有傻福，我們班被誇讚是運動會上最具特色創意服裝的班級，所以聽起來似乎我才是對的？

主動接觸活動：比了解個性更重要的事

關於個性，不只是環境的影響，我想，對於一些讓自己「主動去接觸活動」會來的比個性更爲重要，如果一張紙能夠說準一切，我想這和算命的意義差不多，差別是在這張紙是有科學統計歸類的「常態分布」，我很不巧的就是那個「非常態」，以統計學上來說就是標準誤差。

我們必須讓人生擁有很多比賽的第一次、參與讓自己身心成長的第一次，擁有了第一次，就不會去害怕第二次、第三次。

媽媽有句名言：「志在參加，不在得獎」，這句話確

實激勵我很多方面，尤其是比賽的前一刻，那股緊張到一直狂跑廁所、臉紅氣喘、四肢顫抖的時候特別有效；但老師卻跟我說要「一鼓作氣」，在知名公司的主管也要求做事情要「一次就要做對」，既然參加了，就要非贏不可，不然就太對不起自己在這些日子裡來的付出了；執行專案企劃，一次就要做到好，因爲市場是殘酷的，没有犯錯的權利。

這個世界上還留有一個允許的犯錯，擁有夢想，

------ 只要你願意，你可以製造無數個「再來一次」。

這兩個原則是可以相輔相成的，讓自己多一點的參與，隨時注意網路上的活動、公佈欄的活動、政府的活動，多一些累積經驗，儘管第一次的失敗，仍然可以從中知道何處補足，並讓自己在職場上、未來的比賽上就能一次做到對的事情。你生活中一定有這種人，當你和他一起參加一場比賽，似乎還没比賽之前，大局就已經排定好名次了，很怕和他一起參賽，因爲你知道自己會輸，我們身邊總有這種人，因爲一山總比一山高，没有人可以篤定地說自己絕對會贏，這是一種「相對關係」。

但請不要把這種人視爲你的天敵，下次團體參賽、專案小組就讓他變成你的好夥伴吧！你不但會贏，還會學到很多事情，就算八字不合、格格不入，當陷入其中一同並肩作戰，他會有不一樣的面貌，是你從來没有欣賞過的他，好好把握這個機會吧！

先有原因，才去做：怦然和永恆的差別

關於個性，有時候是「怦然」的影響，就像在愛情上的怦然心動、突然觸電，在愛情的法則上，很多人也知道這些「怦然」就像是電視劇中所說的可樂，當氣泡消失了，可樂也不像可樂了。你所嚮往的夢想，追尋的目標，是不是就像這些可樂一樣，是一時的感動，讓自己的心被觸動了呢？對於能力、對於環境、對於經濟負擔，我們又有多少能耐可以抵抗這股誘惑，讓自己從中驚醒。

「欲望」是一時的貪心；「夢想」是真心的感動。

出國留學仍然是現代時下許多人的夢想，每個人都總會有一個憧憬，我們必須知道自己「出國留學for what？」，如果不能有一個明確的答案，可能你得先去想想前一章所提到的「投資報酬率」，世界上沒有什麼辦不太到的夢想，就算家裡經濟狀況並不允許，現在的預約貸款太多了，專案補助、企業贊助、創投等都是管道，只要提供計畫、證明你的企圖心，就有機會能贏得機會，只是時間點和順序的問題了。

我們要思考怎麼排列這些憧憬，讓自己在最短的時間內能夠達成，這已經不是一個「Make it come true or not」（實現與否）的問題，也不是讓自己感覺「炫耀」的時機，而是一個學會安排行程，達成效率的機會，如果「現在的我」依然的像「以前的我」莽撞亂衝，「未來的我」

一定會埋怨「現在的我」，因爲我剝奪了「未來的我」享受更長久幸福的權利。

時間雖然不等人，但是它包容所有的事情，包含夢想。

創意要顧到可行性：承認自己正在飄浮吧！

最近正在和一些創意激發的團隊交流，跳脫出自己的框框能讓視野更遼闊，正當所有人在鼓勵跳脫思維、創意思考的同時，我很嚴謹地提醒自己和身邊的朋友們，在框框之內，我們擁有一套規律在運行，也擁有一定的約束在綁住自己，但是當思考跳脫出去了，當這個社會開始鼓勵所有人築夢、追夢時，我們已經開始飄浮了。

回到現實層面的經濟能力自足、能否照顧另一半與家人、父母親還要擔憂我們多久時，似乎下面是懸空的，而且很恐怖的深淵，我們無法給予一個確切的答案，只能吞吞吐吐地回答。

眼睛在框框之外，雙腳在框框之內，讓自己能腳踏實地地去執行，不好高鶩遠的去追夢，而眼睛去把握下一秒、下一年、下一個十年的視野敏感度，我們雖然掌握的可能不準確，但是平時爲自己儲存一個圖書館，當有需要之急，就能派上用場，其實每個人都擁有一個圖書館，上面陳列的書雖然有些年代久遠，但都是一冊冊的回憶，你已經在幫自己的圖書館每天進一本新書了，這是今天的回憶索引，當我們多學一些，就能讓索引變得更多。

海鷗的夢想，是盤旋在不曾飛過的天空；

--------------- 我的夢想，是盤旋在不曾踏入的感動。

愛玩是為了快樂：玩樂不一定是浪費時間

與其說是工作，不如說我玩過的事情還眞不少，從流行音樂電台節目代班主持人、現場活動主持人、網站站長、環保議題研討會召集、管樂團演出、歌唱比賽、演說比賽、勇渡日月潭等，每當一份經歷攤出去，就會有人跟我說，你在還沒升大學之前，會不會太多樣化了？有些人會對這些東西不以爲意的，甚至對有些人來說這些經歷並不算什麼，我們對於自己所擁有的很常感到自滿，這是人的天性，手上所握有的東西只要每增加一項，就會有種飽足的快樂。

小小的滿足，累積就能兌換一份大大的感動。

這大概就是我莽撞的個性所造成的後果，喜歡讓自己勇敢的去嘗試，但我一點也不後悔，我熱愛傳播媒體，對於聲音類的變化、現場氣氛的操控、傳遞人與人之間的訊息很熱忠，就像是一個情感的潤滑劑，將快樂散播出去、將憂愁讓大家一同分擔，這個感覺是好的，每一次看到聽衆的感謝，心情就格外的舒暢，也許從這中間讓我了解到如何一次和很多人共同分享訊息。

我把這個工作當成我的興趣專長，但是最後卻沒走傳播相關學系，反而報到資訊管理系，把這個能力能應用在小組之間、任務溝通之間的傳遞，也許也會哪一天再一次回到工作崗位，在空中繼續和所有人一同分享、一起討論、一起聆聽我們都愛的音樂。

分享所愛，愛所分享。

這實在很妙，一個同事曾經問我說會不會後悔花這麼多的時間在傳播領域，有些人會認爲這是因爲年輕所以有本錢，讓自己勇敢去闖蕩，這的確是一個原因，但我相信未來的我應該也會是如此，每個人擁有相同的二十四個小時，同樣走過這段歲月，只要讓自己的投資報酬率做好，並且知道自己正在做什麼事情，這就是一種進步，但我們很容易執著在一件事情上，認爲如果拋棄了，一切都會完蛋了，而事實卻不是如此，讓自己準備好！隨時都可以重新出發，但也要同時從「心」出發。

回頭是經驗的回憶，

低頭是快樂的當下，抬頭是寬闊的夢想。

擁有一個效仿的偶像：沈春華主播的影響

這章節的最後，和大家分享關於沈春華主播的故事。

她的成功勵志故事感動了很多的人，也是我現在有動力的來源之一。去年有天早上，很榮幸聽到沈春華主播的演講，沈主播相當厲害，演講功力一站上舞台的氣勢就能讓人感受到是一位把自己「Ready」好的成功者，也對於即時QA問答時，靈敏而準確的回答每個問題重點並作補充。

沈春華主播在家的排行是最小的，當時出生時家境富裕，家人也都很支持她去做想要的事情；然而，她卻對她自己很自律，尤其是讀書這件事，她媽媽三步五時都叫她快去休息，別再讀書了。

一舉考上輔仁大學大眾傳播系，她依然知道自己正在做的事情，因此在還沒畢業前就進入電視圈主持節目，當時的兒童節目「快樂小天使」極受小朋友們的歡迎，之後和盛竹如共同主持的綜藝節目「強棒出擊」，還是我小時候最愛看的電視節目之一，而這個小朋友口中的「沈姐姐」之後也主持了許多綜藝節目，工作六年，直接摘下六座金鐘獎寶座。

如果我們是當時的沈春華小姐，我們應該是要感到開心的，不但形象好、收入好，也登上了事業的高峰，而在這時沈小姐卻不顧旁人勸說，決定要去美國讀書去進修媒體，放下擁有的一切，這是需要很大的勇氣的，最後還真的去美國南加州大學深造，並同時取得了媒體管理碩士學位。

沈春華小姐，人生雖然順暢，但這順暢是因爲很清楚自己在每個時刻點知道要做什麼，比別人多一步，因此能夠順利的發展，她不惜拋下光環高薪，爲了夢想奮戰，她的「有失才有得」理論，雖然講得很簡單，但是當下能夠拋掉這一切衆人都想要的光環，是需要很大的勇氣跟膽識，從她的身上，我學習到每個人都是成長進步，只要往自己的夢想前進，用心專精，未來都是屬於自己的，用樂觀的態度面對，機會來的時候要把握，成功機會便會比別人高。

準備放下上一個夢想的時間點，

就是點燃下一個夢想的燃燒點。

感謝你和我有不同的意見：這就是我！

你的個性絕對和我的個性不一樣，充滿感激，因爲這

創造了你的獨特性格，也能得以塑造在你生活週遭每一個朋友的獨特性格，正因每個人想法不同，我們很容易在意見上產生摩擦，慶幸的是不用指正別人的意見和觀點要和自己相同，因爲這是屬於我自己的Specify（獨特）。

解凍自己的第六步 —

玩高空彈跳，別忘了綁住救命繩索，

因為一跳下去，誰都不能約束你了！

2-3 每個月用兩萬塊真的買的到升職機會

夢想基金0元起：一場信任與私心的戰爭

有時候我們會嘆息自己的收入來源，這絕對不是只有上班族的專利，學生亦是如此，沒有人想讓自己的薪水很低、工讀所賺取到的薪水很低，但是我們該花多久的時間，讓自己的薪水滿意？來達成我們的夢想。答案不用思考都可以回答：「越高越好。」

3BEST是一個新團隊，所有人都知道創業需要第一筆資金，這對我來說是一筆負擔，出生在小康的家庭，加上家裡的環境並不允許，這個情況下再有能力的家庭要籌出第一筆資金，天方夜譚。因此，一個網路團隊的優勢，不需要裝潢店面、不需要請員工、不需要花太多的網路行銷費用？

這是我第一次知道，原來夢想不是有錢人的專利。

很抱歉，我錯了，這是一般大眾錯誤的認知，我當時也是被這個錯誤的認知害慘的，網路公司花的錢也很恐怖。

舉個簡單的例子，想在網路上作生意，必須先提高整體曝光率，因此你的業務團隊就像保險業的銷售團隊一樣重要，不但要支援你的旗下團隊，連你的公司網站本身都

要很人性化的設計，因爲你的客戶不是利用不爛之舌就可以下訂購單的，舒適的介面、人性化的簡潔導向，所以誰說不用「裝潢店面」？只不過在網路上叫作「使用者習慣調查」和「網頁設計」罷了，而實體店面的「整修店面」，在網路上就叫作「網頁改版」。

那3BEST的創業基金呢？

很抱歉，我們没有創業基金，我們的第一筆資金全部來自我們的客戶們，我很感謝，因爲在3BEST美國網站正式開幕時，不但是美國、加拿大的使用者購買，台灣的客戶也透過遠洋的方式跨國購買，儘管介面是全英文，他們寧願購買英文版本的產品，這是什麼魅力？不！這不是魅力，這是信任。

3BEST的三個創辦人在網路上過去兩年內所累積的人氣和信任度，已經足夠使用一篇文章，就能說服群衆購買，一個企業的首要任務不是把你的產品賣出去，而是必須讓人信任，不只是信任你的商品，是信任這個團隊、這個團隊的領導群、這個團隊的現在和未來，這絕對遠遠比信任現在的這個商品，努力的去銷售你的商品會來的更快、更得人心、更受人寵愛。

無私地主動付出關懷，

--- 你將會獲得一筆夢想的真心財富，是信任與愛心。

Let' s think about your salary/wage !

上面的這段故事不是鼓勵每個人看完之後，就開始辭職可以去創業了！如果你對於前面的故事認爲你也做的到，那就讓自己先從買到現有的升職機會開始努力吧！當然，我認爲這不是只有我們三個人的專利，但是你必須先向自己證明－「Yes！I Can！」一切，讓我們從「兩萬塊」來說起。

屬於我的個人品牌：「如果你賺了兩萬塊，你就有四萬塊的能力了」

我的社會歷練絕對沒有數十年經驗的前輩們多，不管是各行各業、各種階層職位，或是一個自由工作者，但是我整理了這個訊息，奧美公關公司董事長在一場高峰論壇演講中也驗證了這一句話：「進入職場的前面五年，請注重在提升歷練能力，不要只一味的求升遷，這和「放長線，釣大魚」的意義相似，而下一個五年，你可以開始注意你的薪水提升，但能力提升是很重要的。」

這中間如果真要說一個關鍵，關鍵就在「四萬塊」。

如果做事態度是用「兩萬塊而已」的方式，你會讓你的主管想要把你減爲「一萬塊」，理由是「沒有物超所值」；主管是人，是人都會想要買「物超所值」的商品，最好還能買一送一，經濟學裡面這就是一個「邊際效益」，受雇的心態會希望讓自己能受多一點照顧，但卻忘記了自己本身投入的有多少。

但這並不代表要把自己賣給一個企業，而是只要多一點用心，就能少一些時間和摩擦，我們來看這個眞實案例，把裡面的主角想像自己：

我正在一家國際企業上班，我和同事抱怨這個公司眞的生病了，星期一、星期二要我去美國出差，卻只給我兩天的時間去美國訪查當地八個銷售經銷廠商，他居然沒補助飯店費用，我主管希望我在飛機上睡覺，眞的很不道德，於是我向公司的福委會投訴，而最後還被遭到駁回，怎麼那麼沒人性！

在雇主的心態是省錢？

主要原因還是要回到現實面的投資報酬率，往返飛航時間總共超過二十六個小時，換言之，其餘時間僅剩下二十二個小時，扣除用餐時間以該企業標準以一餐一小時計算，用食四餐之後的工作時間只有十八小時，分配給兩天的工作時間各爲九小時，做的工作是協調訪查工作，儘管美國當地交通耗時，一天訪查四個廠商，時間計算上仍然綽綽有餘。

當夢想化為數據的時候，

-------------- 就離你不遠了，勇敢地撐過去這道瀑布。

這是一個心態上的問題，每個人既然都想升職領薪，那就先把目前所任職的職位心態往上提升兩個等級，再回頭來看自己現在的工作，先不論每個國家對於勞工標準的法律，提升兩個等級之後回來看這件事情，似乎就不這麼的難以理解了，提升兩個等級之後的職位可能開始有控制年度預算的責任，必須向他的上層回報這一次的調查結果，如果是你，你會怎麼改善這個狀況呢？

提升了兩個等級，你會開始希望你下面的成員們提交上來的是選項、是建議，而不是一個問題，因為每天必須面對太多無解的問題了，最頭痛的可能就會是整體的銷售額度。

這是一個交給市場決定的結果，應該會比你所回報的訪查銷售經銷廠商結果，某部分來說會更恐怖、更有壓力，因為這決定了你下一季的薪水、年終獎金、你的員工福利。

追夢的過程有太多的權限障礙，

--------------------- 工作的態度是決定夢想的高度。

化瑣碎為神奇：「如果你賺了兩萬塊，你就有四萬塊的敏銳了」

一成不變的工作眞的很無聊，但這不是公司的錯，是我的興趣剛好不在這，所以我要轉換跑道了……嗎？

嘿！告訴我，這不是你的辭呈。

在這本書最前頭有一份調查說：「一個人一生平均會換七個工作」，所以我們應該努力的去轉換跑道，讓自己去多一點嘗試？就受雇方的論點來說是對的，這不是換工作，這是讓自己多一些嘗試，我們會發現我們做的工作是如此的「基本、有步驟、有循環、有很多人都可以取代我做這些工作」，也許我們該慶幸這種幸福，還記得剛剛的提升兩個等級嗎？

工讀生，每個月工讀金「兩萬塊」，提升了兩個等級可能會是「職員」，因爲中間還會有個職位叫做「助理」，想像你是一個職員，你會不會認爲你的工作還是如此的「基本、有步驟、有循環、有很多人都可以取代我做這些工作」，如果你的答案是「Yes！」，我們該承認自己只有「一萬塊」的價值了。

別跟「價值」過意不去，那是比錢更有力的圓夢武器。

「敏銳」絕對不是一個老闆的專利，是我們每個人共同享受擁有的能力。

2011是我值得紀念的一年，我進入一個知名企業實習，我會被朋友們問到一個問題，爲什麼要去實習？因爲我的能力還不夠穩，紮實的基礎功絕對還不夠，每個細節的經驗不夠，如何去做一個大局決策的控制？

讓我印象最深刻的一次是在台北世貿資訊展「發DM」，別懷疑就是發DM！我發DM發到「媒體記者來採訪了」！

配合記者和攝影機大哥的要求，將他們要的細節鏡頭捕捉，當場在資訊展走道上演一場小短劇；拍攝結束之後，兩個小時內我上了新聞，國中的學妹興奮地打電話來告訴我：「學長，你上電視新聞了！」

工作上，

製造「被需要」的特質會比「被喜歡」的特質更搶眼，

你的夢想是「被需要」還是「被喜歡」呢？

以往的資訊展，媒體們報導的方式都是：「今天是台北世貿資訊展開幕第一天，民衆人山人海，各家廠商祭出…。」當天的新聞報導是：「知名電腦廠商銷售人員拿出火力全開的精神，以熱情、迅速簡潔俐落的節奏展現出實力與專業。」

這則報導對於品牌觀感上是有加分作用的，我稍微和記者聊天，並問道爲什麼會選我來幫他們捕捉鏡頭，記者笑笑地回答我：「姿態、神情、帥！」眞是不要臉，馬上就被同事笑了。

後來記者繼續說：「因爲我們是有工作時間限制的，必須快速的鏡頭回傳棚内，當所有人都在拉攬客人的時候，我看到這個身影的每個動作跟神情會讓我覺得很專業，而不是油膩，儀態給人的感覺是清新、有文學氣息的。」

儘管這句話又再一次的被旁邊的人哈哈大笑，但爲品牌贏得一個免費的電視版面，基於新聞自律，不能置入性行銷，這些細微的層面就會更顯得重要，會爲自己和所屬的公司帶來一些額外的加分效果。

興趣管理比時間管理還重要：「如果你賺了兩萬塊，你就有四萬塊的潛力了」

前面提到，一份調查：「一個人一生平均會換七個工作」，所以我們應該努力的去轉換跑道，讓自己去多一點嘗試？

如果你提升兩個等級，再來看這句話，是錯的。

沒有人會希望自己辛苦培育的員工隨意離職，這代表必須要重新去培育一個新人，或是一個從別的單位調過來，但和自己的習慣有所落差的人員。這和投資股票的效果差不多，當員工暴躁、心情不好就像是股票一片慘綠；當員工把自己的心情調適好，回到工作崗位，就像是股票一片紅的心情，是歡樂的。

培育夢想的時間要一輩子，捨棄夢想的時間只需要一秒鐘。

所以我們不該換七個工作嗎？我想不是的，這是因爲每個年齡層會有不同的心境，而去做的改變吧！理論上是要越陳越香的，在一家公司待越久，應該就會加薪水，公務人員也是因爲職等，而年年因爲年資或升等考或受訓，所以才會在一個單位漸漸提升；這是理論上，實務上會發現有些人似乎無法照著這個理論前進。

在前面一個章節，我們提到了李先生的案例，儘管他犧牲了假日、夜晚的時間進修，卻得不到一個好結果，在那章節中我們知道了一些原因，這個「潛力」是來自這些額外的訓練、額外付出的時間所換取來的轉換成果，這是實務上有些人無法前進的主因。

往往，我們不知道我們該學什麼。每到了選課的季節，大學生們開始和自己的夥伴共同討論，討論著「哪個老師比較好過？」、「營養學分是哪些？」，你必須非常小心，這是一個危險，這代表了一件事情，我們並不知道自己要加強什麼才會對自己是「投資報酬率」最好的。

這本書的讀者代表之一，蔡尚樺同學，台灣國立政治大學四年級，他對於新聞媒體、主持活動、行銷企劃很熱誠，不但進入企業實習、經常主持上千人公開大型媒體活動，主修的科系也會讓每個人眼睛一亮，雙主修經濟系、法律系，甚至還輔修新聞系，上課不隨意遲到早退、不隨意缺席，他怎麼辦到的？

也許，我們該在意的不是哪個課程好不好修，而是我們的興趣是什麼？我該修什麼課程去加強，其實這一點都不辛苦，因為是自己的熱愛，當熱在其中，就不會有辛不辛苦的問題了。

用錢砸出來的不是夢想，那叫金磚，損失了過程的享受。

「如果你賺了兩萬塊，你已經多賺了十二萬」

「知足」是我始終如一的領悟，我們擁有的絕對比想像的更多，只是我們從來沒想過而已——四萬塊的能力、四萬塊的敏銳、四萬塊的潛力。

當我們擁有「投資報酬率」，下一站：「轉換率」。十二萬的轉換要由自己來衡量，我們都在儲存這十二萬，當十二萬存滿了，在意的已經不是關於薪水的問題，而是我們會開始注重「轉換率」。

想像一個沙漏，我們期許把很多的沙子放入下方的瓶子中，首要的任務是先將上方的瓶子裝入許多的沙子，再經過時間慢慢的篩入下方的瓶子中，將上方比較大顆粒、未消化完全、有雜物的沙子留在上方的瓶子中，從下方瓶子取出的沙子，就是會精緻、細小、觸感滑順的細沙，把他裝入裝飾品中，顯得更爲高雅、細緻。

解凍自己的第七步 —
銀行不升我的利息，我靠自己也可以幫月薪升利息。

2-4 快！幫自己拍一支30秒廣告！

幫自己的夢想唱歌：這是夢想廣告時間！

音符的旋律總能動人心弦，走在壅塞的街道卻傳來一陣耳熟的旋律，哼唱著輕快的節奏，它是「節奏」。一個愛唱歌的理由，就是不需要理由；一個熱愛音樂的理由，就是不需要理由；一個愛隨著音符跳舞的理由，就是不需要理由；而不需要理由的理由，是熱愛。

面對眼前的事情，在追逐夢想的路上，你的身旁一定有這種類型的人，他能將工作與興趣結合成一，就像音符的旋律一般，這種人總讓人感覺保有自己的節奏，而你去問他爲什麼能保有這個節奏，他說不出理由，因爲不需要理由，來自熱情、就是愛！

這一類型的人也有自己的煩惱的，總是感嘆時間不夠用、效率怎麼那麼低、都快喘不過氣來了，因此也不用過度的羨慕，不然就不會有那麼多過勞死的問題了，正因爲熱愛所以不知道什麼時候該讓自己休息，喜愛事情的程度就跟「工作狂」是一樣的，就連半夜睡覺也會突然靈光一閃，打開檯燈，他會告訴你正在拼命「追逐興趣」，在旁人的眼裡和工作是沒什麼兩樣的。

音符的跳躍，翻越了夢想的山丘，

------- 在同一首旋律上，一遍又一遍地哼唱著屬於我們的歌。

慵懶的陽光曬進被窩，伸手關掉鬧鐘，就像拚了老命似的，將鬧鐘設定的時間修改，或乾脆就把鬧鐘摔到耳不見爲淨的地方，繼續呼呼大睡，赴約、上課、上班的前不久，再從床上像撞到刺蝟般的用力彈跳，這個時候如果正處在跳高比賽，應該可以奪得好成績，最後再用最迅速的速度整裝，還必須在路上假裝從容不迫的儀態準備展開新的一天。

在計畫未來的路上，你的身旁一定也有這種類型的人，他不是不清楚自己的夢想，但總是渾渾噩噩不知道今天的意義在哪裡，他擁有先進的偉大抱負，甚至使用先進的科技產品，但似乎沒有先進的實踐能力。

但是，不要用貶低的眼光看待這類型的朋友，或根本

就覺得似乎這個年代就是這樣的謊言欺騙自己，假裝讓自己的行爲可以很合理化的解釋一切，當作什麼都沒發生過；這群人只是不知道要用什麼方法，才能合理化自己的行爲，去追求他所喜愛的夢想罷了。

搖滾曲坐搖滾區，抒情曲坐情人雅座，氣氛一樣美麗。

工作夢想，夢想工作：一個共同的純興趣空間的30秒廣告

最近我在思索，一個關於「路遙知馬力」的問題。2011年世界上損失了一位天才，Apple公司的前執行長Steve Jobs，他爲人類帶來了新的啓發，將藝術、直覺、簡潔的設計灌入在科技產品上，但很不幸的是因爲癌症而離開了這個世界，他花了很久的時間在追逐自己的夢想，甚至作了很多的努力，儘管被外傳是一個獨裁的領導者，但是這些貢獻是有目共睹，也無法抹滅的。

如果發起一個投票，我想有很多人都想成爲第二個Steve Jobs；事實上，不只是現在業界的領袖們，包含了這個世紀的年輕朋友們、學生們，每個人都在踏上Steve Jobs先前的追夢路程。我不是一個賺錢最大、先努力完再認眞享受後半輩子的人，現在的社會觀念已經轉變成「同時工作、同時享受」的型態，強調「即時」的環境，涵蓋了「即時的愛」、「即時的享受」、「即時的訊息傳遞」，

怎麼讓自己在一個工作、夢想追逐的路上去保持一個「享受的平衡」，這不但是重要的，也是迫切的。

即時的夢想、即時的擁抱、即時的去做。

一個共同的純興趣空間，能和一群人共同享有，一個週末假期的午後，和許久未見的朋友聯繫，一同邀約吃個下午茶、一同出遊、一起運動、生日趴、派對趴，各種活動趴，別讓「忙」取代了這個純興趣空間，看似簡單一句話，做起來就沒這麼容易了，翻開你的行事曆吧！

如果是一個工作興趣結合的人，這個星期應該是滿檔的；無論如何，都請幫自己排一個時段，他必須是三個半小時到四個半小時，讓身體感覺到我是真的放鬆了，而不是感覺到只是一個行程罷了，這樣會處於壓力的情況，改善也就不會這麼大了。如果無法填滿三個半到四個小時，也別急著硬塞行程進去，就讓他空白吧！你會感覺到開始放鬆了，很少有機會讓自己突然不知道要做什麼，但這個感覺是很好的，「不知道要做什麼」能留給當時的自己去想，就別庸人自擾了。

如果是一個正在探索夢想的人，這個星期是很有空的，也別懷疑的幫自己排一個時段，同樣是三個半小時到四個半小時，讓身體感覺到我已經擁有了一個自己的時間，其餘的時間就能安心的去規劃充實了，別急著去「Social社交」，安排適當的時間就可以了，清楚的曉得自己的時段、和哪些人、做哪些事、在哪些地點。

夢想的行事曆，每天都是不同精彩的顏色，也有黑白。

對我而言，2012年後緊接而來的重要共同的純興趣空間，是和朋友們一同慶生生日，搶在過年之後見面，大夥兒要準備搞怪的生日禮物，準備閒話家常的和這群「長舌公」、「長舌婦」聊上一整個晚上；另一個期待，是能看到桃園〈睦祥育幼院〉的小朋友們，參與這趟活動能給自己的一個機會重新檢視自我，住在育幼院裡面的夜晚，能和這些小朋友們有一段美好、共同擁有的回憶，他們有著比我們更不一樣的人生故事，也期待每一次和他們的相遇。

準備下一個夢想：一個私人的純興趣空間的30秒廣告

最近我在思索，關於工作和興趣結合爲一，我們都知道要認眞努力地去完成，除此之外，是不是工作搶走了我的興趣啊？這件事非同小可，跟小偷的行爲是一樣的，我們不知不覺地失去了一個私人的純興趣空間。

如果你成功的將一個興趣和工作結合，就要幫自己去探索一個喜愛的新興趣。

在網路主機市場邁入第九年，看著這個市場的演變，對於每個環節、競爭關係的成長，我花了很多時間在這個市場裡面，但其實以前就一直想寫一本書，但當時想寫的是電腦工具書，也就是在書局裡面厚厚一本、內容很噁心

看不太懂的書籍，當時儘管有電腦專業的出版社邀約去寫一本關於「論壇架設實務」的書，印象深刻的是我寫完第一章就感覺不對，卻說不出是哪裡不對，卻整個很無力，只好損失了一次機會。

夢想就像衝浪，它從不消失，

只要你算準時機就可以乘風破浪。

直到最近，3BEST團隊邁入了第三年，我才恍然大悟，原來當時的感受會如此不穩，是因爲我的個性喜歡分享、喜歡和人交流、喜歡聆聽別人的故事，一本電腦工具書沒辦法滿足我的這個需求，而我卻是現在才能理解。

重新打開筆電，用很感性的心去享受這一切，以及我的回憶，我帶著筆電走遍咖啡廳、速食店、家中、學校、公司，甚至是在火車上和高鐵接駁車上，這是一段很有趣的回憶，因爲我正在發生這些事情，就發生在我的周圍，左邊的兩個新竹女中的女生和他們的爸爸正在一起享用漢堡，父親正在教女兒們物理題目。

雖然已經很久沒碰物理了，卻還是努力地看著詳細解答，一行一行地解釋給女兒們聽，父母照顧兒女的愛就是這麼的深厚而簡單，不需要過多的言語去詮釋；右邊的男生上了重考班，雖然前年學測成績只有十級分，去年重考的成績是四十級分，但他和朋友們表露堅定的神情，他這次一定要努力的考上好大學，這份執著跟勇氣，就發生在我們的周遭，看似平凡無奇，卻能讓人動容。

夢想不大，一顆溪畔的小石頭就足以感動。

安排夢想的時間：一個期待的純興趣空間的30秒廣告

除非你是一個「不求回報」的工作狂，否則你必須幫自己製造一個「期待」。

這是一個很簡單的事情，並沒有想像中的困難複雜，當我們想好了「共同的純興趣空間」，準備和朋友們豪邁的出門遊玩，和「私人的純興趣空間」，保有自己的興趣空間，也許是和另一半去約會？總之，準備放給自己每週一小假、每年一大假，這就會顯得簡單許多了。

在一次面試的時候，我問了一個面試者關於「領導人」的問題，題目很簡單：「進了一家公司工作，假設你只是一個小小的職員，你覺得你是領導人嗎？」

是的，這個問題很懸疑，因爲一半的人會回答：「不是。」不是的理由可想而知，因爲我不是一個主管、一個經理或一個企業負責人。有人認爲這樣的問法並不公平，只給予了「Yes」和「No」的發揮空間，但這個問題可以果斷的看的出這個人對於自己的態度。每個人都是自己的領導人，沒有所謂的身不由己，接收到一個上級指令，大多數人是會服從的去執行，也會有少部分的人選擇抵抗，甚至寧願離開現在所處的環境，去尋求一個適合他的環境；在一個工作環境下，不論權限的大小，在你所操控的領域內，你就是這個領域的領導人，你如果不去執行、不去撰寫，這個任務就會因爲你的操控而延後執行、延誤進度，相對的，這個效率如果在你的領域內能有效加速，甚至提出一個更好的解決辦法，這個任務也會因爲你的操控而提升整體的效率，儘管只是一個不重要的環節，卻仍然扮演著很重要的領導人角色。

仔細關心那些對你不重要的小事，

---------------------- 那很有可能是別人很重要的大事。

「期待的純興趣空間」必須由你創造，而不能被別人支配，更別談所謂的「私人的純興趣空間」，一個被人支配生活的人並不是眞的被操控，只是因爲還沒有讓自己用理性和感性去領導自己對於「Yes」和「No」的選擇權，因此感覺整個生活並不是自己的，重要的是無論選擇了哪個選項，請多加一句話作爲原因，如果這個原因是「沒爲什麼」。

只有兩種可能，一是你正在使用感性去面對事情，可能是愛情、親情、友情；另一則是「無理取鬧」，這個選項就必須像擲骰子遊戲一樣，等同於「再來一次，請重新選擇。」

試著替自己准假：讓長官知道這個夢想對你有多麼重要！

去年台灣的一個大公司，由員工主動帶頭幾個人向總裁共同請假五十天，也獲得總裁准假了！不過這種事蹟不是隨便能得到的，我的一個美國夥伴的公司也是如此，但這實在需要交給任職的公司去決定。不妨和家人朋友討論最適合自己的方式，讓自己去度假，感受不同文化給你的靈感激發！

解凍自己的第八步 —

不用衝太快，讓自己偷閒！

感受身旁美景，是值得的幸福。

2-5 幸福天秤

多一點包容，就會幸福：無論是工作還是夢想，幸福是唯一！

一杯香醇的咖啡是一個幸福，在悠閒的午後來杯幸福的咖啡，把愛沉醉在這杯咖啡，陶冶性情，面對步調踩快的窗外世界，相對氛圍倉促的城市呼吸，咖啡就是幸福。

這是我對「幸福」的另一個詮釋，我喜歡在咖啡廳做喜歡的事情，雖然有時候感覺上都在處理瑣碎而無聊的事情，有時候又能和朋友們談天，偶爾一個人閱讀雜誌、整理重點筆記或報表；似乎每個時間都會有這麼一個東西、一個地點，會讓你想將時間停留在那一刻，看到它，會想起那些事、那些人，勾起了什麼。

我們在生活中可能並不是在找尋什麼，而是在追尋一個歸屬感，那是幸福，我們扮演了很多的角色，在不同的環境的身分、階層都不相同，擁有一個「隨時轉換」的能力，讓自己享受幸福是重要的。

享受夢想的旅途，隨時轉換繽紛的色彩。

最近公司來了一個外派的專案小組，這個小組很特別的是他的年齡層就像是我們公司的迷你型版本，不但年齡分布廣泛，特質同樣是年齡較小的擔任總召，以往的社會觀點總會認爲應該由經歷豐富、博學多聞、較有處理經驗

的人來擔任總召，因此對於總召的印象都應該是長輩們去帶頭領軍，這點在整體的市場經濟的確是很需要的。對於專案、對於一個部門，公司內部在起初創立時，我們也有這個疑問，輔助我們的指導人員都是長輩們，他們選擇退居幕後，以一個扶持、諮詢顧問的角色來處理，給予年輕朋友們一個領導的機會，因爲不同嶄新的格局，呈現的方式也較具新意。

在一個本身包容多元能力的公司工作，我發現不同的年齡層對於需求的看法，不是大衆觀的言論，而是一個較爲深入的想法，每個人對於這個組織的期待是不同的，同樣一場會議走出門外之後，各取所需的內涵，經過每個人不同背景、深淺經驗的淬煉，寫出來的會議報告就像看辯論會一樣的精彩，甚至每個人自己會和自己打架，而在社會、家庭角色中扮演較多角色的人，他所回饋內容更是精彩，相異的角度導致相異的言論，但相異的言論卻有共同的結論。

夢想的路途上意見分岐，

------------ 請為它感到慶幸，這是步入正軌的歡呼聲。

角色轉換自如，很幸福：其實人生就是扮家家酒

台灣財經作家王志鈞先生：「幸福，是工作的最高目的。」

享受的應該是工作的過程，企業看結果論並不稀奇，也不用驚訝，但是工作過程的歡笑，享受那中間共同去贏得一場戰爭的感覺，這不是金錢可以衡量的，那是一個未來值得回味、現在值得努力、過去會對於現在的自己值得驕傲的事情。

神奇的是我們不只有工作的多重角色，打從來這個世界的一開始就有了角色，先是一個單純的小孩，最怕的人就是爸爸、媽媽，還有照顧你的人；第一次踏入學校，依依不捨的離開了最害怕的人，没想到更害怕的是學校老師、補習班老師；進了職場有恐怖的主管和老闆；和心愛的另一半組成了甜蜜的家，結果你又變成最讓小孩害怕的爸爸、媽媽。

我想這只是最單純的角色，我們化身自己成志工，學習付出奉獻；我們化身自己成籃球選手，在下班之後和一夥人練籃球；我們化身自己成評論家，在媒體上發表自己的意見；我們化身自己成作家，在網路、日記、書籍中寫下自己的創作和心情點滴。

如果你發現你的角色轉換的不夠多，這很可能是一個警訊，生活的元素或許太執著偏向了什麼。

最典型的就是金錢，但這並不是表示金錢不重要，有人又說，有錢才能溫飽肚子，這句話也不能否認，但是似乎花了太多的錢，在做一些讓自己滿足短暫的快樂，這和繳納貸款是不一樣的，在資金的運用上，總歸一句：「財富靠的不是賺錢，是清楚適合自己的策略。」

放下急躁，很幸福：留一口氣讓自己休息吧

每個人對於創業者都會問的經典問題，在此列舉：「創業需要花多久的時間成功？」、「為什麼會想創業？」、「創業需要多少錢？」、「能不能給想要創業的人一些建議？」

這是其中一個社會現象，在外面賺錢存到了一定的數字，忍受不了主管的作風，公司又不太重用自己，但卻擁有偉大的抱負，想選擇創業，走一條自己想走的夢想之路。新聞報導總是看到成功案例，想創業的人就會更有野心，因為「別人能，我也能」的氣勢。

但是請容許我給個建言，慢一點會更好！有些事情不得不去了解，你必須先去了解這個產業的動態，了解自己把握了多少？想要發展的關鍵核心能力在哪裡？相對的，如果正在一家公司內上班，可以問自己的是在這間公司內掌握了幾成的狀況？你是否已經創造了自己的「非我不可」的價值，如果無法豪邁地回答，請三思而後行，因為創業的職場，有百年老店的威脅、競爭對手的各種手段威

脅，並不見得比較容易達成你所想要的成功，在先前有提過一件相當重要的事情：

「解凍自己的第六步－玩高空彈跳，別忘了綁住救命繩索，因為一跳下去，誰都不能約束你了！」

掌握住的夢想就能創造無可替代的價值。

這個核心的原理是我們必須幫自己創造一個無法取代的價值，以3BEST爲例，在團隊內部的核心技術研發、員工跨國情誼交流，在我們的客戶眼裡，3BEST能比其他同業更快速從一群競爭中去找到新的價值；其實，這個產品本身是簡單的、基本的，說穿了這個產品就是提供一個網站空間，讓網站的經營者能夠租用這個空間，並且經由網站經營者的能力去提供網路服務（例如：搜尋引擎、電子信箱）給網友使用、提供資訊（例如：部落格、社群網站、論壇）給網友。

當同業在雲端科技、追尋最新技術的時候，我們在思考的是對於客戶的內涵利益在哪裡，如果雲端空間又產生安全問題，讓網站不敢購買雲端空間；如果追尋最新技術又遭到破解，讓社會對網路安全充滿迷思，我們要重新思考這個循環是否值得？

簡單的思維漫步在夢想上，很輕盈、很自在。

少想幾步，很幸福：減法哲學的美麗

人是需要坦然的，一個放心的感覺是必要的，關於詢問創業者的另一個問題：「這過程中有沒有困難？又是怎麼去達成的？」

未雨綢繆的心態是肯定必要的，但是過多的未雨綢繆，就會變成庸人自擾了。

一個創業的人回答這個問題並不困難，因爲這中間面臨了太多的「第一次挑戰」，還有太多的「緊急事件」，我們會認同他當時的處理方式，又換個角度問自己，如果是自己，那個時候有這個態度嗎？當然是有的！你只需要一個策略，但是不需要和他一樣，因爲他也不知道他自己最後的發展是這樣。

最佳的夢想策略是創造史無前例的價值。

要談到3BEST過去的危機事件，一帆風順的成分較多，但這並不是因爲幸運，而是「策略」，我們並沒有討論很多策略，但是對於每個策略的實踐能力是踏實的，接受自己做的決定吧！在邁向成功的路上不斷的修正、修正、再修正，而不是在會議中畫出一張看似完美、細緻、設想周到的藍圖，然後再半路殺出程咬金，打壞了一切的計畫，自怨自艾、怨天尤人，兩者之間有很大的差別。

就像是聽了很多場的演講，卻無法學習應用，這個感覺相較於正在實踐自己夢想路上的人們，到了一個環節，他會知道他現在該加強的事情，我們會羨慕這種人，感覺他正在實現夢想的路上，你問他：「對於未來，你有什麼計畫？」他可以跟你談上一大篇幅，這是因爲他不斷的再修正，因此能夠越來越清楚自己的方向，這和我們過去認知那些人的觀點，是從一開始訂定一個目標，拚了老命去完成，不到終點、絕不罷休，有很大的誤差認知。

那是平步青雲的腳步聲，聽的到、踏不到。

對於一個創業的人來說，「資金、人力」是兩大困難，但我認爲最難的還不是這個，而是旁人的眼光，就像在生活當中，有些人就是會對你的表現歇斯底里，無論是好的表現，或是壞的失誤，他們就是有話要說，總讓你恨得牙牙癢！

創業的路程，只不過是這個現象的放大版本，這些人打從一開始就不看好，面對這種人，我們更是要努力的拚出來；還有另一種人一路上根本認爲你是在玩一場遊戲，這種人是比較保守型的，勸你玩完遊戲就快回來吧！

一開始在經營的時候，我同樣面對了這個問題，這個壓力我覺得已經大過於「募集資金」的問題，這是可以感同身受的，當你好不容易幫自己擁有了夢想，卻聽到有人用老生常談在關心，其實我當時的心情是很沮喪的。

慶幸的是，我堅持了自己的想法，不然這後面所發生

的一切，以及這整個團隊能夠在世界各個角落擁有客戶群，還創造了一個難以置信的團隊管理制度，如果當時想太多，可能就不會有現在的3BEST。

因爲回想起來是可怕的，中間面臨危機的數萬次選擇，就彷彿在玩一場App遊戲「Angry Bird」，一次又一次地修正發射路徑，儘管越來越熟悉這個遊戲模式，卻還是會有失誤，但是你會有個信念，你知道你一定會破完所有的關卡，只是時間的問題而已，所以你没想太多，只認眞的思考這個關卡要怎麼突破，不知不覺的－就這樣破完遊戲關卡了。

沮喪的夢想更要去堅持，

---------那是大夥兒唾棄它的原因，是你創造獨特價值的先機。

事前準備、事後檢討：前後五秒，很幸福

黃小姐在前幾天打電話給我，他是一個行銷專員，專門負責在網路上的行銷業務，凡舉網路上的入口網站廣告、搜尋引擎廣告、搜尋引擎優先排序、關鍵字廣告等各式各樣形式的廣告都是由黃小姐的工作内容，現在我們是事業上的夥伴，雖然不同公司，她卻像3BEST的專屬網路行銷顧問，長期的合作案件也讓我也很放心。

好玩的是，跟她合作的第一次，我卻遭到她跑來我們團隊投訴。那個時候，我僅是以一個很簡單的顧客身分和她洽詢業務，因此她只知道我是這個團隊的專員，但並不曉得職位，事情傳回內部可眞是驚天動地，因爲「執行長」被投訴了！

「詢問價格」是很常有的事情，只要有購買意願，無論是誰都會先比較價格、內容，一般的Sales也不太會二次、三次的去追查客戶是否最後有要購買產品，但是黃小姐就是一個特例。

她對於每一個專案都會在說明內容之前，先自行整理好這位客戶的需求，並且在電話的開頭先向客戶報告，讓我當時有「Wow」的驚嘆聲，我只不過是打個電話過去，在一小時之內她已經把我們團隊可能需要的需求概況，透過簡單的資料蒐集都先整理好了，並且和我說明預定的流程，大概需要花多久的時間。

討論結束之後，再次的確認需求、確認討論結果，迅速的整理表格，在十分鐘內就送到我的電子郵件信箱。這個積極的態度對有些人來說會很怯步，但似乎也因爲這個積極的態度，讓我在當時有點困擾，因爲辦事效率太快，在團隊的評估送件流程是需要一些時間的，沒有辦法趕上她的積極速度，而遭到投訴：「這個專員動作太慢，都不給個回覆交代！請貴單位好好處理。」

實質上是因爲我將信件依照不同的評估需求，分派到

不同的單位部門，就鬧出了這個資訊不太對稱的笑話。

人云亦云，眾說紛紜，自己決定最快。

她的積極確實讓我學到了關於「事前準備，事後確認」的需求，並要求應用在各個流程上，也因此我將後來相關的專案，她也都是我的第一人選，每個準確的時間點、案件的速度、細節的控制都能做到正確的程序上，讓我省了很多時間解釋、說明需求，直接能夠進入正題，因此雖然「執行長」被投訴了，但「執行長」和這位投訴人最後也變成了朋友，在整體的過程上都能有更好的效率，有朋友對我開玩笑：「你這是化敵爲友嗎？」

第一眼的好印象：幸福天秤，幸福了

前陣子因爲工作的關係，我一直在知名百貨公司駐點，和許多專櫃先生小姐們聊天，不知不覺也和他們變熟了，在那個地點有很多的國際觀光客、國際商務人士，因此對於語言的需求就相當重要。

有一次遇到一個來自印度的家庭，爸爸是印度人、媽媽是菲律賓人，兩個可愛的小孩在百貨公司跑來跑去，走上前和他們聊天能有種親切感，風俗的不同往往造成我們對於東南亞地區的國家會有一些不了解，也不願意主動踏出那個第一步，會用過往既定的印象去面對，你相信嗎？事實是殘酷的，他們說到世界各地觀光，在一些比較稀少國際觀光客的百貨公司，當他們要消費，鮮少銷售員會願意認眞地走上前和他們聊天，先不論這是否是一件個案，如果我們在前五秒願意讓自己向前一步，如果我們能想少一點，用最熱情的自己去和他們聊天，這個不舒服的感受就會解開了。

這是台灣台北，他們來到台灣觀光的第一站，每個專櫃人員、走在路上協助他們的民衆都很熱誠，儘管還沒有完全結束旅程，但是在台灣留下了很好的第一個印象，我從他們的眼神告訴我：「我們很幸福！」，當然，大家可能會想知道另一個問題是「結帳金額」，光是在我所駐點的筆記型電腦專櫃，消費金額高達美金將近兩千塊（新台幣約六萬塊），只因爲，我們給了自己得到幸福的機會，這也是他們應該享有幸福的權利。

也許我們會對自己的既有印象困惑住，對自己誠實是不二法門的秘技，我們都在探索自己，無論到了什麼層次，探索的行爲都不會終止，到了下一個階段，就交給下一個階段的自己去決定吧！你必須相信他，因爲他有的歷練會比現在的想法還來的多。

解凍自己的第九步 —

詮釋幸福，不再是幸運的福氣，

你值得擁有一個屬於你的平衡，這是幸福天秤。

2-6 忙

以小搏大的遊戲規則：給自己自信，遊戲規則就會由你創造

過去，我有一段時間在迷惘，那是一個很忙，但無效率的生活。說也奇怪，忙了一整天，七早八早起來，晚上躺在床上的身體是疲憊的，好玩的是，我還不知道我這一整天做了什麼。

賽斯・高汀：「如果你的表現未如預期，那或許是因為遊戲規則改了，而沒有人打電話通知你。」

最近很流行暢談一種主題叫做「時間管理」，我承認它的確是重要，但是治標不治本，你會發現就算得到了很多「時間管理」的小秘方，最後還是只能進步有限，你以爲是自己的問題，但我要告訴你一個好消息，這很可能不是你的問題，但是你必須去改變它。

有工廠就有勞工，很怪異的是現在社會的現象，你會發現有很多像3BEST一樣的新創業團隊的產品，動不動就能夠在一場商品大戰中打敗一個知名大廠的產品，這沒什麼好訝異的，原因就出在螺絲釘。

自許成一顆螺絲釘，那永遠就會變成一顆螺絲釘而已。創業的團隊因為人力較少，每個人所賦予的權限、責任相對較多，因此發揮的長處就會更多，你不是螺絲釘，你是很重要的關鍵；大廠的人力過多，每個人賦予的權責相對減少很多，最後變成每個人都像機械式的工作，一成不變的工作，無法越權的工作，整天忙不完卻很基本的工作（也許你只是在打一堆電話關心客戶而已），只能做主管上屬所交代的工作，銳氣通常就是從這邊開始減少的。

每個人剛進公司都是士氣高昂的，工作越久似乎應該要越香，

但是現實往往不如人意，熱情消失了，

剩下的還有什麼呢？

學校是夢想的培育中心：職場不是學校，學校是職場基礎

另一個好消息是，不管你處於哪種類型的公司工作，我絕對相信所有人做的事情都是基本的。

在大學生活活躍的夥伴，進入了職場卻才能無法發揮，最後死氣沉沉的例子不勝枚舉，最後都怪罪於工作太

基本了，殊不知「基本」才是最能展現才華的舞台。

權限大了、管理工作廣泛了、負擔多了，展現才華的舞台看似華麗，評分標準就嚴苛了。基本的工作能由你的主管來評鑑，進階的工作沒有人能幫你評鑑了。

交給市場，你永遠要相信市場是比你的主管還難掌握習性的，

沒有一成不變的道理，卻有流行趨勢說換就換的霸道！

大學社團、高中社團主辦活動能夠嘻嘻哈哈地玩耍，有些人可能甚至這是他一輩子的第一次主辦或協辦活動的經驗，這場壓力賽對於第一次辦活動而言是重大的，辦成功也會有種榮耀，輝煌地寫在自己的經驗、履歷、甄試表格上，從中享受一個主辦團隊共同分工的樂趣，中間還有爭執吵架，鬧分裂、鬧冷戰，最後還能將一場活動順利辦完，傑克！眞是太神奇了！

如果參與辦理過很多場活動，或是工作的專案小組，會發現有一種特別的情形，很多事件似乎一開始的參與態度並不積極，最後快到關鍵時刻就會有「翻盤」的特性，整個目標大更改、活動大修改、成員的意見突然變多了、看似條理的內容被群衆質疑、組長的壓力瞬間升高，如果你現在所處的小組有其中一種特性的話，你應該爲這個翻盤感到擔憂。是誰造成了這個局面？

沒有人，是氛圍。我們要營造一個團結的氛圍，絕對勝過於執行、討論這個專案裡面的任何事情，氛圍的營造有個關鍵的因素是「鼓勵」，而不是責罵。

改變夢想比翻書還快，但比人生還慢。

沒有人負責的工作才是你的工作：團體榮耀和默契

下面是我的親身經歷，也是讓我很與有榮焉驕傲的事情，但它是一件學生的活動：

最近參與了一個外交部的國外交流計畫，我是這個學生小組的招集人，起初我是擔憂的，身為人的潛在特性是：「能拖則拖，不能拖就狂趕，不然就裝死。」你身旁一定也有很多這類型的人，他會告訴你他非常忙碌，而交差的東西也似乎和你的期待有所落差，讓你感到心灰意冷，只好埋頭苦幹的幫他趕工囉！

我很慶幸的是這個小組從臨時召集成立，到一個三次校正的五十頁企劃書（Proposal），整整歷時只經過了五十六小時，只開了一次線上會議，這個數字在企業的運作還嫌花費太多時間，但對於一個學生小組，再逢當週期末考的情況下，這個結果是讓我滿意的，讓我最開心的並不是只經過了五十六個小時，而是所有成員的期末考成績開盤漂亮，並沒有受到太多影響，兩位指導教授對於我們自立自強的企劃書也感到相當滿意。

教授私下問了我一個問題：「學生常常開會遲到是常有的事，這個組別又是臨時召集的，還互相不了解彼此的個性，你們又只開了一次短短的會議，每個人當週都正在期末考，水生火熱之中，每個人都還能在開會前二十分鐘就都就定位等待開會，怎麼辦到的？」

完成夢想的小徑常常讓人得意，

---------------------- 有如雨過天青般的好心情。

這絕對每個人都辦的到，寫在這邊並不是要去宣揚邀功，透過下面的方式，身爲主辦人，你也辦的到：

一、找：找個秘密成員當你的橋梁吧！

主辦人的魄力是必要的，但往往也會造成你的成員覺得有些不舒服，在取得大家信任之前，你需要一個秘密成員當作溝通的橋梁，這道理有點像小時候在家裡爸爸媽媽一樣，一個扮黑臉、一個扮白臉，但他們絕對不會在你面前告訴你他們私下早就協調好了！你可以透過這個成員得知大家的想法，然後適時間接或直接地去表達你的想法，第三人的力量是很重要的。我們把角度放大到整個職場結構，甄選一個專案計畫、應徵一間公司，如果只有履歷表是很恐怖的，如果這個時候你有一個「秘密成員」能突顯出你的價值，你會獲得更多的重視，這個「秘密成員」可能不是一個人，它有可能是一件事、一個計畫、一次的相遇，把自己處於先前提過的「Ready」狀態是相當重要的，好玩的職場潛規則是－「往往你所喜愛的偉大工作，都不是用履歷表應徵的。」

二、幫：替別人省時間，就是幫小組找動力！

每個人都有自己的事情，省時間是必要的，如果你能事前告知你的成員這次預計要花多少時間，我相信他們會評估自身狀況，很樂意協助你！「時間」只是一個很典型貼心的例子，先前提過，這過程中你省下的時間，會幫助更多人省下更多的時間，只因為「前後五秒」的關係。如果你相信了這個道理，就更應該幫未來的自己省下更多的時間，請告訴自己這次的計畫預計要花多少的時間，這個夢想需要多久？

＜我可能不會愛你＞的編劇徐譽庭小姐，從原本的穩定的每個月五萬塊收入，轉而加入一個表演團隊，而且起初還是無薪的收入，當時受到了週遭所有人的不諒解，她給自己兩年的時間，如果兩年還是沒起色，他再回到原本的工作就好啦！事實證明，兩年後的她，光在表演團隊裡的月薪就升到了四萬五，現在更是成為知名的編劇，也許你不是在幫自己拼命的作「時間管理」，我們該重新的思索熱情何在？想花多久去達到呢？

三、分：不要害怕把資訊告訴你的組員。

揭露資訊你並不會失去什麼，你更會得到組員對你的信任，因為他知道你相信他；你更應該把你在外面和別人溝通的過程第一時間告訴你的組員，以信件來說，在職場

上和廠商人員溝通時，你都應該要寄一份副本給你的組員，他們有權利知道這一切。

透過「分享」，你的組員們會自己主動去思考這整個大局，就算他並不是主辦人或組長，因爲他知道他掌握的訊息很多，他可以幫忙想一些沒有人想過的問題、可能沒注意到的事情，因爲他所提起的意見被重視了，他會更加的願意去參與這整項計畫，這不是一句什麼大道理、忠言可以激勵的。

他就像網路轉貼影片一樣，當你看到了一個好的影片，你會去轉貼給你更多的朋友，而這部影片的主謀者是廠商，它利用了網友喜歡分享的特性，去創造更多的免費網路行銷價值，這是用錢也很難買到的力量，前提是要讓大家眞心願意去分享。

四、誘：你必須想一些策略去誘導你的組員。

例如開會要提前抵達，我使用的方法是優先選擇想要出國的國家，依據開會簽到的前後順序採權重分配，越先報到的人，選擇國家的權重就會越高，因此影響投票結果的能力也就越高。有人會認爲這不公平，可能會造成組員感情撕裂，但事實上並非如此，我還看到一個可愛的現象，有人爲了怕去一些國家，他們自己已經私下商量溝通達成共識了，這叫「組員間的賄賂」。

換言之，他們的感情在這個時候已經變更熟了，爲了

去「賄賂」，必須要主動去和不認識的組員聊天哈拉，他們找到了彼此共同的興趣，當然每個人就更樂意去開會，因為大家早就熟了，諷刺的是只花了没幾個小時，主辦人也不必做任何事情，開會也不需要自我介紹，節省了好多時間。

你也需要用誘因，那是自己對自己的熱情，第一步的誘因先從「準時」做起，如果覺得都没事情做，可能應該讓自己好好去思索掌握的人際交流活動資訊不夠多？

讓自己準時的抵達，去享受你為自己挑選的交流活動；如果覺得自己每天太多事情，也該讓自己好好思索是否太多螺絲釘工作了？每天幫自己變換一下螺絲釘工作的樂趣，讓挑逗你的主管和同事、給他們每一天的驚喜，也許是個還不錯的挑逗樂趣，久了就會變成一種習慣，你會發現更多誘因的，讓自己試試看吧！

挑逗夢想也是一種樂趣，偶爾和自己唱反調也不錯。

忙和無聊的差別：一切都是你在說

「忙」和「無聊」看似是相反詞，

但是「忙得很無聊」，你同不同意？

現在許多航空公司，在飛機起飛前都是透過自動播放影片，這麼說的：「各位旅客您好，感謝您再次選擇搭乘

XX航空公司，班機即將起飛，請繫上您的安全帶…」

有個機緣下和一位老空姐談天，他在這家航空公司待了許久，不但資深、而且現在也做了後勤，薪水更是高的嚇人，許多和他同批的空姐很多都離職了，他卻待了下來還升遷路不太受到阻擋，除了他自嘲的運氣好之外，我想我接下來很基本的笨問題，卻能馬上道出原因。

「爲什麼現在的航空都是透過影片、影帶的方式播放啊？空姐不太願意播報，是因爲想趕上科技嗎？」

隨口的問題，引出了一個「忙得很無聊」的原因，這是在這個航空公司早期空姐們有時候的怨言，公司墨守成規的制度，也讓他們念得很平鋪直敘，乘客自然也就都聽得都麻痺了，那當然就乾脆改用影片播放比較快囉！

但這位老空姐倒是神采飛揚，他最喜歡的就是說出那一句，當時還會配上不同的姿勢搖擺，在話語中添加各國語言的笑話，讓乘客不得不開心地繫上他身旁的安全帶，可想而知，如果我是乘客，也許我會優先選擇搭乘老空姐服務的班機，因爲機上有個開心果，飛行途中需要一點心情的滋潤。

對老空姐來說，這一點都不無聊啊！他爲了要去定時更新他的笑話、說話的方式、各國口音的差異製造的笑話，他樂在其中的去蒐集訊息，從中自然的談天風趣能力也加強了，和長官、和乘客、和同事都能詼諧的幽默，誰能不愛她呢？我們會去怪罪主管，因為主管沒有給很多的權限，但那是因為你的「基本」舞台展現的不夠豐富，當主管看到了你的成績表現，這些「墨守成規」的規定，連主管也就不會阻止你了。

我們不會讓夢想和別人一模一樣，

於是，我們才打破了墨守成規。

那些規定是為了公司的一套制度所訂定的，但你的改變的好處被別人所看到了，公司就會有「特例」，因你而改變制度的方向，沒有一間公司會希望永遠用固定的規範在管理員工，不同的時代、消費者偏好習慣，會讓一間公司不斷的修改規範，而這些規範往往是在已經看出成績之後才改變的，我們必須走在規範的前端，就像「眼睛在框框外面，腳在框框裡面」的方式，那已經不是忙了，那是享受。

解凍自己的第十步 —
基本的工作才是最好發揮的舞台。

◎ 特別章節〈二〉

OURS遠距離，默契手札-付出

只要牽扯到團隊，就需要人，選人是一個關鍵，就像分配工作時，負責人必須把適當的人放在適當的位置上。業界有個品牌經理虧我們團隊是「三個臭皮匠勝過一個諸葛亮」，不過光靠三個創辦人是無法完成的，無論是任何的工作、專案、報告研究小組，基本的能力、專業、品性都是重點，需要的是那股「替人著想、助人助己」的精神。

3BEST是一個奇妙的團隊，我很感謝創立時的另外五個夥伴當我們的得力助手- Sam、EricYu、Daniel、Aaron、Terry，僅管在團隊當時經濟能力有限的情況下，還是願意付出熱情服務，因此才能讓這三個沒什麼經驗的臭皮匠能夠努力嘗試市場經驗，得到今天在業界上的一席之地，想到3BEST就會聯想到創新實用、活力熱誠、簡單快速。

團隊的經營在商業競爭當中，想要創業、想賣東西，如果只整天想著如何賺錢，是一個失敗的源頭。

「付出」這兩個字看似很簡單，卻很複雜，不僅是付出人力、付出時間、付出資金、付出設備，付出感情更是重要，因此人們把「付出感情」數據化成顧客關係的相關課程、客戶關係管理的系統來蒐集資訊，但我認爲這還是

有點危險的。

雖說如此，解決並不困難，這其中沒什麼奧妙，如果你正在負責一個商業交易活動，它很可能小到只是一個短期助理專案，或是大到負責公司的一間部門或整個公司，告訴自己正在做的是「生意」還是「企業」是必要的，兩者的差別關鍵就在「付出感情，懂得回饋」。

企業不能只做生意

生意人和企業家是不一樣的，生意人追求利潤，因此可能會常常更換賣的東西，短期的利潤對生意人而言是重要的；企業家是經營一個事業，這是一個品牌、一個社會責任，它有長期的投資風險，也必須要去顧慮到很多層面的事情，從員工福利到公益回饋，對於生產的產品也要注意綠色能源環保。

以3BEST來說，我們除了本身推動使用生產能源有部分使用風力、水力發電，對於無法使用環保能源發電的地區，例如台灣現階段的核能發電仍然是主要的供電來源，我們必須換算每年使用的總電力，並捐款綠色能源公益基金，讓長期專業投入環境保護的團體能再利用這些基金去回饋於自然、人文、環境保護的活動，而這只是一個企業在公益上回饋的一部分。

志業

這是我們所喜歡的工作，有時候甚至會很自豪這份工作，身處在公司的每個人都像是網路便衣警察，爲了讓網路治安能夠更好，從網站的品質管理把關就要做好。

因此從3BEST旗下的客戶網站都受到團隊的關懷保障，而瀏覽這些客戶網站的網友們也不必擔心有釣魚網站、詐騙網站、不安全的交易網站，就如同在世界各地都像台灣一樣在新聞領域有NCC新聞自律，主機團隊雖然並沒有明確的法律細節規範，但是「網站自律」是必要的。

遇到旗下的客戶網站包含可疑網站時，我們主動先幫網友將這個網站關閉；遇到新網路商店成立時，我們也能提供適時的協助，幫助一個產業在網路上能盡早步入軌道，並定期的主動提供回饋建議給企業主。

「主機公司」這個產業在以往給人的感覺是「只要能提供一個平台，讓想要架設網站的人能在網路上擁有自己的一個網站」，而我們卻是全球首創改變了這個定義。

身爲一個網站主機服務團隊，對於自己旗下的網站交易品質、網站營業額收入、網站瀏覽安全都是關懷的重點，就像是網友和網路店家的橋梁，自負任務雖然責任重大，卻也是能獲得大衆信賴的原因。

認真用力玩

談到「玩」，大概是這三個臭皮匠創辦人的專長，不但玩得熱烈，還玩得淋漓盡致。在這邊所指的玩，當然包含了旅遊、探險，我們每到年初、年中、年末，都會相約過夜一起去玩，把勝收眼底的風景、精彩的旅遊故事分享給身旁的朋友們。

最近一次是去台東三天兩夜旅遊，一探太平洋的大海美景、山林間蟲鳴鳥叫的綠地滑翔翼、溫泉山莊與世隔絕的風情，漫步在單車上，享受綠意盎然的春天氣息，美國的夥伴們也正在環遊加拿大、西雅圖、美東地區，大自然正悄悄喚醒在奔波忙碌的我們，彷彿煽動著那把吹進徐風微微的扇子，輕聲的在問：「你們在忙什麼呢？」

有人覺得這很不切實際，主管請假去玩耍，公司怎麼辦？

你錯了！玩也是一種付出，公司這樣才能變更好！最近一次又被點醒這個觀念，是來自於王品集團董事長的戴勝益先生，他發表的「主管必須要請假的三個理由」。

我起初是懷疑這個論點的，但後來想想好像確實是如此，因爲每次當我們出去旅遊，團隊的夥伴們就會感覺今天彷彿就像「星期五」一樣，有種週末即將來臨的感覺，更爲積極工作，自動自發的效率，僅管我們出門前再三提醒有緊急事情一樣可以打電話詢問協助，卻到現在還沒發

生過「緊急事情」，按照步調處理完成。

順道一提，第一次看到戴董事長本人，覺得他很有趣，全身上下的穿著很難讓人聯想他是一位董事長，如果硬要談起他當時身上穿著最貴的東西，莫過於是那支手錶，但沒有上流社會百萬名錶，那支手錶僅新台幣六千元。

他附帶一提的說，他的賢內助（老婆）過去所使用的任何一個包包，也從來不高於新台幣三千元，因爲他們認爲親和力的第一關就是來自外表，一個全身上下穿著都是高貴名牌的人，走在路上會讓一般人較難以親近，而喪失了能和大家打成一片玩耍的機會，進而疏遠了彼此的距離，他付出了他的親和力，贏得來的是更廣泛的交際圈，以及好人緣的友誼。

工作搖滾

演唱會的搖滾區門票最貴了，幫工作也製造一個搖滾區，就能贏得更多的入場券，這個理論你信不信呢？至少，我們信了！

2010年，我們全球首創「一個網站，一棵樹」的活動，在我們旗下的每個網站都由我們委託美國當地的環境保護單位，替一個網站就種植一棵樹，說到這邊，你應該還是無法明白爲什麼要替每個網站都種一棵樹，就讓我雞婆的來算給你聽吧！

因應現在人人都想要「即時」的需求，每個網站伺服器都需要全年無休的運作，先不提之前講過的「發電來源」是採用核能、水力、風力等，只要使用電力，經過網站伺服器就會排放出二氧化碳汙染。

你知道當你在「即時、方便、快速」的網路背後製造的污染量嗎？是非常恐怖的。

不只是網站，還包括了手機平板App、超商的便利系統、保全系統、提款機等需要使用網路的連線裝置，長期累積的污染量都很可觀；然而，每公頃的森林每年能吸收約三十七噸的二氧化碳排放量，目前根據統計，全球網站數量截至2011年已經高達5.55億個網站，我們並不自私這個活動只能由我們來推廣，如果每個主機公司都能響應這個活動，我想會來的更有意義。

這是一個蝴蝶效應，3BEST的用心在美國已經有部分的主機公司跟進，但不要害怕被成爲抄襲、模仿的對象，我們反而很樂意協助這些主機公司去推廣這個活動，事實證明我們並沒有失去什麼，不但樹立了另一個穩固的品牌形象，我們反而還發現了更多的潛力，能爲社會做得比想像的更多！

還記得某年某月某一天，和一群朋友一起抽聖誕節的交換禮物嗎？我們來玩更大野心的聖誕節禮物吧！

2011年的聖誕節，全球各地的用戶經由電腦隨機挑選，被抽中的網站就能協辦「擁有準備禮物、接收禮物」的活動，讓旗下網站的網友透過3BEST全球三個據點，並和國際物流業者的搭配合作，我們把歐洲、亞洲、美洲三地的禮物乾坤大挪移，在聖誕節的晚上，物流送貨員扮演起當地的聖誕老公公，趁小朋友睡覺的時候放上今年來自遠方的祝福，大家一起來送禮物吧！

會不會很麻煩啊？我們深信著樂在其中的道理，而不是苦中作樂的哀愁，相信自己絕對能演活一個角色，你就會演活那個角色！例如這個聖誕節的禮物，其實只需要一個業務或是行銷企劃人員就可以當專案召集人，並不需要多專業的管理能力，甚至是一個工程師，寫出一個簡單的網站，我相信並不需要多高深的技巧，僅是一個靜態網頁HTML，再搭配個簡易的動態語言PHP而已；最關鍵的費用問題，基本上也都是參與者付費，並沒有損失什麼。

每個企業都有自己的優勢本能，只要善加利用，廢紙也能變黃金，不要一味的去創造新的東西，很多好玩的事情其實你早就擁有，只是你沒發現罷了！開始準備你的搖滾區吧！當一個熱血的Rocker！

TIPS

解凍自己的第十一步

付出不用要求回報，熱血的搖滾區正在創造。

第三章

夢想，突然靠近了

3-1 實現靈感的捷徑

多一根筋，不如少一根筋：靈感的出現就是這麼神奇

走進麵包店，店員親切地和你說：「這是最後一個麵包喔！」於是你拿起了托盤，夾走了那「最後一個麵包」，殊不知數分鐘之後，新的一批麵包出爐了，又再次擺上了展櫃。

嘿！你的生活，你的「最後一個」到底吃了多少個？

旅展下殺萬元有找的旅遊行程，只有今天！走出旅展，到了隔天，仍然是「只有今天」，或是在哪天熊熊發現一個更殺的價格！

嘿！你的生活，你的「只有今天」到底累積了多少天？

腦袋的聲音有時候很讓人討厭，傳出了兩個聲音，基於欲望的本能，你會選擇「最後」、「只有」和你過去的經驗法則，有時候這很嚇人，回過頭來卻發現根本不需要這些，當時自己不知道自己爲什麼買？爲什麼做？爲什麼會選擇它？只因爲當下的衝動，請記住這個感覺。

搭上夢想的急流泛舟，再危險也無法回頭了。

如果在金錢管理上使用這套方式，大概很多人會被罵，這是一個少根筋的思考模式，但是對於一個積極的態度而言，卻很需要這份衝動，我想應該沒有人想把一件事情花太多時間在「孵蛋」，都產不出來，因爲生出來的小雞比較可愛，生越多小雞，讓母雞能夠帶著排排站的小雞們在路上逛大街，模樣迷人可愛；靈感就像小雞一樣，成就感也是這樣累積起來的。

這是一個電光一閃的感覺，你是否在最需要靈感的時候生不出半點東西？卻在不需要靈感的時候，搞出一堆花樣？又或是，根本沒有靈感可言地照章行事？這些還不可憐，因爲這代表我們平時蒐集的資訊還不夠多，平時幫自己補充外來的資訊就能有個初步的內容，最悲天憫人的是提出了自豪的想法，或是設計了許久的想法，卻收到一張「好人卡」，狠一點的主管會直接把你氣到哭，好一點的主管會很婉約地告訴你：「我覺得你還可以做得更好。」

苦惱的是，你也不知道哪裡好？哪裡不好？於是開始借問諸位看官們：「從何修改起？」

找靈感

海岸拍打浪花，在黑夜的加持下更顯得兇猛，船隻要回家，要靠著那閃爍的燈塔。想要找靈感，就把自己想像成那個船隻吧！靈感就是那盞燈塔，讓自己有個「就是他了！」的魄力，開始計算怎麼樣才會最有效率地抵達！中間不斷修正你的方向，也許你該研究的是那個燈塔附近危險的礁石有哪些？附近可以停靠的港口有哪些？如果當晚的海岸能夠捕獲更多漁獲量，也許你滯留於原地捕魚會是更好的選擇。航行途中，也許又會突然發現下一個燈塔的地理位置，似乎比現在這個停靠岸還要更適合你。我想說的是，你必須很快的先決定一件事，否則我們會永遠處在一個「規劃狀態」。

快速決定一個靈感，快速的評估方向是否妥當，快速做一個「Example範例」，幫自己的靈感簡單化、圖像化、實體化，在短暫的時間內能讓人大致了解內容，幫你的靈感能夠有個「形」。

塗鴉夢想，丟掉你的橡皮擦。

在這邊有個特別的例子，讓我印象深刻。

位於台灣屏東縣的萬丹，最出名的名產「紅豆」占了整個台灣產量之冠，不但是台灣品質的第一名，更是獲得世界第二的紅豆品質殊榮，爲了行銷紅豆，可說是無所不用創意，以「在地傳承」、「產業文化化，文化產業化」爲靈感的宗旨，搭配當地的廟會傳統民俗，當地的萬丹采風社竟然將「紅豆」變成了神明，成爲台灣唯一的「紅豆神明」。

除了祈求紅豆品質與產量豐收之外，還製作了「紅豆神轎」、「紅豆公仔」，眞的將一「尊」紅豆放上神轎，甚至還爲此舉行了廟會活動。現在紅豆的廣泛使用量，從世界麵包冠軍第一名的吳寶春師傅所製作的麵包，到各種使用紅豆作爲食材的產品，紅豆慕斯、紅豆泡芙、紅豆餅，幾乎都使用來自萬丹的紅豆，活出了紅豆的靈魂。

我向山谷吶喊，準備萌芽夢想的靈魂，

---------------- 原來它和我有一樣的想法。

找策略

擁有了一個靈感，你會開始發現這個燈塔（靈感）附近的靠岸港口有很多個，因爲不同地區的名產漁獲物可能不相同，例如台灣台東的黑鮪魚、台灣鹿港的蝦猴；上岸了，我們還必須要卸除漁獲，用最新鮮、快速的運送方式送達市集，因為買到魚的人們並不會管這條魚是怎麼來的，他們在意的是新鮮和價錢。

因此決定一個航行方向時，先知道需求者要的是什麼，又該如何去完成這個需求？幫它做一個簡單的策略方法吧！你大可在往後慢慢調整策略、加長縮減你的策略，但是這一個超簡單策略並不會成為你的阻礙。

這是一個很不需要思考的邏輯，原因就是我們花太多的時間在思考了！當事情的評估時間耗時太久，就會讓進度被延誤，的確眼前有很多條路可以前進，但最好的方式是先得知資訊，然後開始前進，套一句最近很多名人很愛引用鴻海集團董事長郭台銘先生的建言：「先做再說吧！」

陷入矛盾迷思的黑洞，就輕敲夢想的那扇門。

找信心

讓我們玩個遊戲，在網路上搜尋：「好煩怎麼辦」

現在我的Baidu**百度搜尋**第一頁的第一個網頁寫著：「心煩是你的內心深處向你發出的信號，你渴望感覺平靜和喜悅，你可以得到平靜和喜悅！你本來就是一個健康快樂、幸福、富足可愛的存在體，你來到世間就是要體驗你的幸福和快樂的，這是你的生命之流流向的地方，去和它保持一致，活出你希望過的人生。祝你快樂幸福！」

現在我的Google**搜尋**第一頁的第一個網頁寫著：「失去的已經失去了，不要再想什麼了！你已經失去了，再想下去的話，你會更痛苦！」

現在我的Yahoo！**奇摩搜尋**第一頁的第一個網頁寫著：「事出必有因，試試以下的方法：『去好好睡一覺，大睡特睡』、『快去把沒做完的事情做完』、『做些自己喜歡的運動或聽音樂、看電視、看書』、『學著靜坐，把心情沉澱下來，或者盡情的發呆，就是別想任何事』、『做些讓自己入迷的事情』、『看醫生吧』。」

很顯然的，我們發現這三個敘述的方式並不相同。

第一個是「**正向思考**」，讓負面的能量能轉移到正面的觀念。雖然我們並不曉得他們煩惱的是什麼，但是卻能得到共同的結論：「別煩了！」，給自己一個「正向思考」是必要的，那不是一種強迫，是發自內心的感受。

第二個是「**同理心思考**」，利用我們平常對自己的思考模式，去設想他人的難處，並且給予意見，有感同身受的效果。

第三個是「**提供建議**」，直接給建設性的建議，可以當下轉移注意力的方法，這是較爲實質性，也較具方向性的幫助。

如果夢想不回應了，它只不過是在睡覺，它不會離開你的。

〔一〕正向思考，溫暖動力

平時很愛和媽媽騎機車在郊區亂騎亂晃，有天騎車走錯了路，多花了比平常三十分鐘的時間，於是媽媽開始愁了，但我卻在這條從來沒走過的路上，不但發現了一間知名大賣場，還發現旁邊的一個菜市場裡面有賣整條的小鯊魚。

我買了回家，這是我們家史上第一次吃「整條鯊魚」，把媽媽當天晚上嚇的不敢料理那隻鯊魚，而我卻和老弟兩個在旁邊沾沾自喜，自己動手料理了那條鯊魚。

你是否曾經也有相似的經驗，因爲錯過一班車？有人大遲到？更慘的是有人根本忘記有跟你約時間，而動怒、

失望、難過、暴走？「正向思考」告訴你並不需要爲此感到難過，有失必有得，感謝他一時的疏忽，讓你擁有了自己和自己相處的時間，好好逛個街吧！這可是你難得的大好機會！做一些平常不會在這個時間做的事情吧！雖然感到很奇怪，但你會感到很有趣的！

不信？下次遇到連續假期，來寫一篇雜誌專欄吧！或是重拾起那隻被你躺在抽屜、覆蓋灰塵的2B鉛筆去練習國中數學測驗卷！下次遇到錯過班次、有人大遲到、有人忘記赴約時，你的「正向思考」就會自然告訴你並不需要爲此感到難過了。

掉入深谷，會發現以前從來沒有見過的漂亮花園。

在職場上，這種突如其來的事件就更不奇怪了。你負責了一個專案，花了時間下去，最後又何必和自己過不去，因爲身旁「意料之外」的事情而砸了最後的一步呢？

「正向思考」相信這件事是美好的，它就會是美好的，儘管世界不會因爲你而旋轉，但是身爲一個專案負責人，這個專案操之在你手上，它就會因爲你而旋轉，散發出一個正面的能量，能感染和你一起工作的夥伴們對於這件事情的信心！

捧在手心的夢想，大方地傳遞給旁邊的夥伴。

〔二〕用同理心思考，放在職場潛規則

現實和教學有點落差，幾年前我翻開一本教人如何表達的書，它寫著：「先給予認同，再給意見。」，這句話本身並沒什麼錯，但是套在現實狀況似乎還是要些微修改。

你正在傷心和另一半分手的悲痛，有個數年不見的朋友來關心，告訴你說：「我能夠體會你的心情，眞的！」

這句話怎麼聽起來很像假的，就連在身旁的朋友都不見得能體會了，更何況是不知道最近近況的人？看似一句安慰，好像就眞的只是一句客套的安慰。

你的心情正在很差，因爲剛剛被上司罵了一頓，你旁邊的同事剛獲得上司的賞賜，告訴你說：「不要難過了！」這句話怎麼聽起來也像諷刺一般，就算沒有這個意思，當時最好的反應是什麼都別說，改天再說。

沒有規則能適用所有的夢想，不然那就不是夢想了。

轉換到職場的角度，這也充滿了很多需要同理心的潛規則，例如在請求協助時，你必須要爲對方的利益著想。很少人會不求回報的幫忙，就連你感覺是朋友關係的同事也一樣，因爲這是一個「商業平台」，不是一個「感情平台」，從小處著手，人和人之間的互動，從宏觀觀覽，公司合作交易都是一個利益交易。

面對這個是朋友又是同事的人，這個你的關心是從「朋友之間」的關心還是「同事之間」的關心？這中間是有矛盾的，你也許是眞心付出的用朋友的角度爲同事設想，人還是有私利的心態，認爲你的關心是否含有利益考量？

遇到夢想的絆腳石，就把他拾起來輕輕地放在路旁就好。

另一個典型的同理心潛規則是誠實、守信、準時，別讓自己被冠上一個「遲到」的封號，你必須誠實，別幫自己灌上一個「我很忙，所以我會遲到。」的感覺，不會有人因爲你的理由而眞正的覺得你這樣做沒有錯，當一再的遲到，你失去的並不是這場赴約、下場赴約，你失去的是當有機會之門來敲門，第一人選絕對不是你。

業界公司很喜歡把開會時間的分針調爲「4」、「14」、「24」、「34」、「44」、「54」，而不是以五分鐘或十分鐘做爲單位，如果當你發現你的公司開會時間異常的奇怪，例如整場會議時間是111分鐘、138分鐘，這種奇怪的時間，你必須更加小心在公司平常的準時性，這是公司文化的守時、準時，不會有人主動提醒你的。

回來談到關於身爲一個專案負責人、計畫負責人時，你的成員必須具有這些條件，尤其是別把「遲到」當成這個小組成員的特性，還以此自豪，同理心會讓你的成員不斷離職，原因並不是活動本身，小心會影響到每個人的生活規律作息。

〔三〕提供建議，不是理論

數據很重要，這是實踐和空談的關鍵，小時候，老師告訴我們要有自己的想法，所以「我認爲」就變的太過於氾濫，而沒有實質根據，但也並非這樣不好，只是命中率太低。

企業的做法是先以資料蒐集最爲重要，從市場調查分析，鎖定需求者的每個要求環節，這是「需求者導向」，而不是「我認爲」，這具有信服力，可以說服這個群組內的夥伴們、你的投資金主、你的上司老闆。

和夢想聊天，「我覺得」會比「我認爲」更有感觸。

往往需要實際的操作，這個建議才會具體，提供給成員們的內容才會完善，因此參與每個環節是身爲負責人必要的工作，細節的掌握通常是勝利的關鍵。

話說回來，你會覺得有些人的直覺就是很準，他的「我認爲」常常特別準，那是因爲這個數據來源是來自過往經驗，整體累積下來，對於一個市場的熟悉程度，長期下來並不難去抓到這個方向，但必須持之以恆。

如果真要說「經驗」的絆腳石是誰，那大概就是自己吧。

主機公司算是個新市場，老牌主機公司也只有十幾年的經驗，比起製作皮包、衣服、農產品的市場來說，這已經是非常年輕的，很不幸的是這個市場的老化速度太快，現在飽和度也已經過剩。

3BEST很幸運的是雖然還沒成立之前，就已經有八年以上的市場觀察經驗，三個人從不同的側觀角度去發現問題，因此面對這場硬戰，同業打的很辛苦，3BEST的鬼靈精怪想法，成爲讓同業私下傷腦筋的話題之一，但似乎網友和站長們都很買單，我們的數據來自「我認爲」，這個「我認爲」成爲不按理出牌的大絕招！

不按理出牌的夢想，擁有無限潛力的可能。

解凍自己的第十二步 —

靈感不會排隊，他們會蜂擁而上，提前準備好，才能讓他們亂中有序。

3-2 讓成功變成一種熱情的習慣

請教長輩和培育晚輩一樣重要：小經驗，大體悟

冷嘲熱諷的滋味不好受，偏偏在踏入這個行業的第六年，我被同業嘲笑，當時這是讓我氣憤的一件事。

被踐踏的夢想，更有執著的意義。

當時團隊還沒有成立，但基於道德和熱心，我揪正了一個同業的錯誤公告訊息，同業因爲不服氣也不認錯，爲了扳回一成門面，發現只不過是一個年輕小夥子，於是還寫了一篇文章放到他的企業部落格，並用暗諷的方式嘲笑這個小夥子「沒常識」，當時這件事情在網路上鬧的很兇，

這是我第一次感受到業界爲了自身利益的「不擇手段」，我沒有正面回應，也沒有繼續和他爭鬥。

很不巧的是當年這個「沒常識」的小夥子，如今的銷售成績亮眼，品牌形象也具有良好的口碑，這個業者現在也官司纏身，光處理這些官司就夠了，哪有其他的時間專心做其他事情呢？

這個眞實的小故事和大家分享，誠實善待每一個人，除了尊重長輩很重要，善待經驗不足的年輕人也很重要，因爲這些人未來都會長大，都會累積自己的經驗金字塔。

對於職場而言，這只是一件小事，讓我第一次感受到心灰意冷，但是多年以後，時間會證明這份公道，機會是留給善待他人的一方。

相信每個人的潛力，他一定做得到。

習慣從細節而來：靈感也是如此唷！

上面的故事是一件小事情，我現在也不會計較當年的往事了，一生當中這樣的小事情就像天上的星星一樣，不但數到數不清，彷彿還很捉模不定的在看著我們，但星辰是美麗的，仰望這一片一望無際的星空，卻不會讓我們感受到壓迫，反而還能擁有閒情逸致的樂趣。一堆小事，累積起來就是一個習慣，一個習慣會影響到一個人的一生。

反觀到企業經常面試時，會觀察面試者不經意的小細節，這些細節就能看出這個人適不適合這間公司了，對於事情的態度、對於人際的交往、對於你我互動的友好。

考試和開會好玩的要求更有樂趣，

與其要求「關閉手機」，

不如要求轉成「飛航模式」算了。

習慣的夢想出貨日：夢想就要當下執行！

創業初期，我們公司已經有一個成型的產品，爲了能加快速度，訂好一套出貨標準流程（SOP=Standard Operating Procedure）我讓不同的兩個小組同時處理，想要比較這兩個小組之間的差異，我們就先暫時命名爲太空電梯組、任意門組，這感覺有點無聊，爲什麼不自己訂一訂就好了，還搞什麼小組？但在這先埋個伏筆。（好討厭的作者，書都要看完了！）

讓我們想像一下，你現在正在開一家茶館，店裡面有十張桌子，而茶飲就是你的產品，這兩個小組要同時將客人點的茶飲送到這一堆桌子裡面，你是怎麼幫你的桌子命名的？大多數的餐飲都是使用數字的排列編號。

身爲網站空間服務團隊，最多的東西當然就是主機了，一部部的主機陳列，主機就像在茶館內的這些桌子，問題來了，要怎麼命名每一部主機的名稱呢？在我們公司內沒有一、二、三的數字排列編號，也沒有A、B、C的英文字母排列，我們相信每部主機都有一個神聖的使命，因此使用外太空的星球命名，當然太陽系的行星自然被納入命名範圍：水星（Mercury）、金星（Venus）、地球（Earth）、火星（Mars）、木星(Jupiter）、土星（Saturn）、天王星（Uranus）、海王星（Neptune）。

是的，你應該一輩子都想不到在一個網路主機團隊上班，員工們的天文學會學的如此的好，主動的去發掘每個星球的特色、星球之間的關係，活絡了每個人沉睡已久的腦細胞，飛入太空的探險中，來一趟夢幻之旅，跨越不同的星球，只需要待在一個團隊裡面。

搞笑的小遊戲往往成為實現夢想的關鍵。

「太空電梯組」爲了讓出貨流程能更順暢，讓客戶們能快一點在主機上建立自己的網站，就彷彿太空電梯一樣，從地球要將人用最快便利的方式送達目的地的星球，他們很努力在中間的每個環節研究，做了很多事前規劃，做好最後的準備才能上市，就像太空電梯爲了要保護人身安全，不斷的測試再測試。來點題外話，聽說數年後可望正式亮相？

「任意門組」採用定期出貨法，他們循序漸進的幫產品加上特色，只要有95%的完成率就先上市，他們認爲這個世界上沒有百分百的產品，因此剩下的5%交給消費者一起幫忙把關。

最後銷售量和滿意度最高的都是「任意門組」，他們不斷的和消費者溝通，儘管當時的產品並沒有百分百，但因爲「定期更新、定期出貨」的規律，和消費者建立了默契，反而比「太空電梯組」更快達成目標，獲得的掌聲也更多。

夢想的翔翼者沒有太多成功技巧，

——他只是摔得比你慘、溝通比你多。

我們必須熟悉自己的頻率，繳交文件、繳交檔案、繳交工作日誌，讓自己按時的出貨很重要。從這個案例中發現並不是準備到最後、準備到自認爲最完善的人，才會獲得最後的勝利。這點和職場上，對於繳交工作報告也有相似處，完成事情是必要的，但如果事情尚未完全完成，卻又要踩到繳交期限，有兩個選項給你選擇「延遲繳交」和「先交再補」，我會建議選擇「先交再補」，因爲你的按時先交，雖然沒有完整的內容，但能讓接收的人先知道大略的狀況、方向，能讓其他人大略得知訊息，並讓整個過程環節順利運作。

一個夢想的規律，可以同時實現很多人的美好。

熱情的夢想出貨日：快樂才是王道！

今年跨年你對自己許了什麼願望呢？期待今年能達到的希望是什麼？但到了年底，似乎這些希望又落空了！讓自己每三個月到半年都有一個「夢想出貨日」，慰勞一下這些日子的自己，給下個月的自己一個新動力，也許看到這邊，你正在想的問題是「我哪來的時間？」，把這個「夢想出貨日」提升重要程度，就如同去考一場證照考、檢定考一樣重要，只需要兩次的「夢想出貨日」就能讓自己養成一個習慣，你必須讓自己心服口服，這樣做其他的事情也就會更心甘情願了！

夢想的晴天，是那一望無際的風景帶來的豁達。

在高中時期，第一個暑假，對高中生來說，其實那是一個忙碌的暑假，網路的事情就已經很多了，要處理很多網站的諮詢問題，還要準備開學複習考，但我還是和朋友們去徵選「教育部學生新世紀領導人才」，最後面試通過進入了第一階段選拔活動。

那是一個由台灣各公私立高中甄選之後，由教育部辦理的學生領導人才選拔活動。

印象深刻的是第一次參加六天五夜的活動，這場活動有個重要來賓，當時出書很紅的醫師連加恩先生，裡面有個活動是將小隊成員丟在新竹縣的北埔老街，拿著一張空白地圖，連街道、目前所在的都不標示，只丟給我們一千元，十個人的午餐，其他自己想辦法，必須透過和當地居民的互動完成一張北埔小鎮的觀光地圖。

這是一份很不一樣的觀光地圖，至少和超商賣得差很多；透過和攤販的聊天，我們了解當地很多的民俗風情，還有每個攤販的小故事，所以我們的地圖上充滿了各種可愛的插圖，代表著每一個感動人心的故事。

路途中有個奇怪的老伯騎著摩托車，告訴我們有一處有個很漂亮的蓮花池，我們照著他的指示方向前近，在偏僻的地方發現了蓮花池，也發現了墳墓，旁邊的電線桿還貼著「天國近了」，雖然我每年聖誕節都會到教會參與活動，小隊員裡面也有該宗教的信徒，但是那四個字出現在這種場景，把我們十個人還是冒出一身冷汗，毛骨悚然的打退堂鼓。

原來，夢想是不能道聽塗說的，問自己最準。

先堅持，才想報酬：爬著前進都要成功

在台灣最大的淡水湖－　日月潭，幫自己報名了划船的活動，因爲是小船只有兩人可以乘坐，日月潭總長直徑超過三千公尺，從這一頭划向對角的另一頭。爲了避免滑不動的情形，主辦單位隨機分配以一男一女搭配，讓活動可以順利進行，在開始之前向所有活動參與者約定SOS求救手勢暗號，並派出多艘救生艇來回穿梭，看到手勢暗號

就會立刻前往協助，而和我同組的是來自桃園龍潭的小恩（暱稱），年齡相似，個子嬌小的她，志氣可是很高的。

於是就這樣一百多艘的小船，出發了！

潭中央的風景優美，又有觀光大船從旁邊經過，製造的波浪眞讓人害怕讓這艘小船會翻船，好不容易往前划行，卻又因爲水流被漂往別的地方，甚至原地打轉，唯一能和你講話的就是對面那位隨機分配的夥伴了，像不像在潭中央約會？

但其實兩個人都在拼了命的划船，還苦中作樂的玩起拍照，兩隻船槳划啊划，就是划不到終點；旁邊明明就有整座湖的湖水，能喝的卻是僅存的一瓶礦泉水。

漫長的一個多小時，終於划到終點了，雙手都起水泡了，儘管划行期間有SOS求救手勢可以使用，讓救生艇幫忙拉回岸上，但是人就是這麼固執，再怎麼樣頂著豔陽高照的中午，再怎麼樣阻撓前進的波浪，也要靠自己的力量划到另一個對岸，似乎從上船的那一刻起就已經宣告了這個事實，只好認份的用力、堅持、前進！最後喊出：萬歲！

猶豫是多餘的，讓自己跳下去嘗試一下！你會從中間找到很多寶藏，如果只站在岸上，寶藏就會永遠只是看的到，卻得不到了！

藤井樹：「葉子的離開，是因為風的追求，還是樹的不挽留？」

有次在華碩電腦全球企業總部，正在爲了一件自己的事情傷透腦筋，那天很碰巧的在一樓會議室遇到華碩電腦董事長施崇棠先生，他拍拍我的肩膀，跟我說：「就選難的那個做吧！當人面對困難的時候，選簡單的路是一種本能，就像我說過的老和尚故事那樣。」

他所說的老和尚故事，是他時常勉勵大家的故事，他還把這個故事做成了一張圖，有興趣的讀者可以上網查看看，因爲版權的問題就不方便在書裡公開了。這個故事影響我很深，因此也寫在這邊和大家一起分享。

有一天老和尚要叫他的三個徒弟去同一個地方拿東西，他告訴他的徒弟們說：「左邊是『易行門』，右邊是『難行門』，你們要走哪道門呢？」一個徒弟走了「易行門」，沿途上有花花草草，也有很好吃的食物，可是最後這條路卻此路不通；另一個徒弟走了「難行門」，路上遇到了毒蛇猛獸，繞了很彎曲的路最後走到了終點，拿到了很棒的寶藏；最後一個徒弟因爲猶豫太久，也沒拿到寶藏。

當所有人都很聰明的時候，

--------- 你必須去找一條難走的路，不然怎麼贏的過別人呢？

成功不但是習慣

等一顆蘋果只有一次機會，過熟就會爛掉，還沒熟又不太好吃，如果我們把自己訂為成一顆蘋果，要讓成功變成習慣的風險太大了。換個方式，我們是一棵蘋果樹呢？長滿了很多蘋果，我們從一百顆蘋果裡面，讓一顆蘋果能準確地成熟，再慢慢增加數量，最後豐收的就是滿樹紅通通的果實，不但香甜、豐收，又有成就感。

一種累積的信心，能讓自己一次戰勝！我們沒有很多的時間可以猶豫徬徨，當然也沒有很多時間可以失敗，最好的鐵證就是已經流失的時間，如果你發現一段時間內連一顆蘋果都沒有的時候，你的蘋果樹要多吸收水分，才能飽實果肉了。

不要追求完美的夢想，

------- **而是用完美的成熟去包容一個不完美的夢想。**

成功不但是習慣，而且是一種熱情的習慣

「不後悔過去的自己」是一個重要的習慣，接受過去自己所做的事情，可以以此為鏡、可以以此為戒，就是不能排斥他，當你花了力氣去排斥過去的自己，你就必須花更多的力氣讓未來的自己排斥現在的你。

嘿！你有沒有想過一個好玩的問題，未來想要的工作叫做「很快樂」？聽起來很愚笨，但是這個夢想一點也不難達到，現在身旁的朋友有沒有讓你很快樂呢？

當你接受現在的自己，未來的自己就會有更多的寬容去接受現在的你，這是一個勇氣的後盾、一份熱情湧泉的來源，一份會讓你甘之如飴的闖出成就，才能找到自己的「自動成功」方程式。

解凍自己的第十四步 —

快拿起行事曆，大大的圈出「夢想出貨日」！

3-3 因為內心的熱情是唯一的答案

進入最後的章節，我想把這本書是怎麼變出來的，這段幕後花絮和大家分享。

熱情的動機

當大家聽到我要寫書都很驚訝，這是我的第一本書，一本書對一個新手來說並不好寫，市面上的書籍至少都有六萬個字，有些甚至超過十萬個字，我要如何「湊」到六到十萬字？我想這不但不是「湊」出來的，而且還「溢」出來了！還在苦惱怎麼刪除段落，聽起來好像很臭屁，其實每個人都能做到，唯一要做的就是搞清楚動機。

回想過去，你是否也有股衝動，似乎要把什麼完成才行？

我相信那股衝動應該不是來自「賺錢」，這中間你會很努力的去完成不足的細節、改善不順暢的部分，你得意的不是那份報酬，你得意的是那份作品，當大家看到這份作品的神情。這是很神奇的感觸，因爲賺錢的衝動很容易會讓內容失去焦點，因爲賺錢會讓做出來的東西變成物質，那是一份冷冰冰的東西，對你來說，可能最後會像一部電影名稱：「窮的最後只剩下錢」。

參加「中國達人秀」比賽的台灣水晶球達人胡啓志先

生，於「央視春晚」受邀超水準的水晶球表演，將一顆水晶球在他的身上玩到出神入化，彷彿賦予了那顆水晶球一個生命的種子，面對網路票選第一名的榮耀。

他說：「希望我站在這裡，讓你們覺得驕傲。」儘管現在的受邀表演收入一場人民幣25萬元（相當於台幣約125萬元），回到台灣，他仍然最愛的是街頭表演，免費表演給大家看，他喜歡的是這個感覺，享受觀衆圍繞在街頭上圍觀的神情，那是他最驕傲的一刻。

自在的神情，是坦率的美夢。

寫書，如果只是爲了賺錢，這本書會寫得亂七八糟。這是一份給自己的生日禮物，分享給所有人這份喜悅感動，記錄著自己過去成長的點滴，那是一段有歡笑、有淚水的咬牙成長史，希望這份禮物能夠傳遞一些正面的力量給有需要的朋友們，就算只能和正在看這本書的你產生共鳴而已，我想我也甘願，因爲這就值得了！

寫書，如果只是寫給自己看的愉快，這本書還是會寫得亂七八糟。那種書叫做自傳，我似乎會寫錯書籍的類別，而且這個年齡並不適合寫出這種書籍，都還沒活過半百歲呢！

我喜歡的平台是分享和溝通，我要感謝正在看這本書的你，讓我有這個機會用不同的角度、不同的年齡價值觀去看這本書的內容，或該說是自己過去的歷程。

我們以往都是在用「現在的自己」去檢視「過去的自己」，就像國中生感覺國小生很幼稚，高中生覺得國中生很沒大腦，大學生又抱怨高中生沒好到哪邊去，出了社會再來看這一切的學生生涯，發現這根本不算什麼！我們很多時候跳脫不出「自己的年齡價值觀」，但是我們一直沒有機會用「別人的年齡價值觀」去檢視過去的自己，在這個寫書的過程，我有了機會，我又成長了，謝謝你。

熱情的衝動

我應該說這本書帶我去旅行嗎？抱著筆電走在各個小角落、各種餐廳、各種交通工具上，打開筆電那一瞬間，雙手不停的一直在打字，絲毫沒有讓我間斷休息的時間，在不同的環境下有不同的感觸，似乎又勾起著回憶，那些好的、壞的、甜的、苦的、驚嘆號的回憶在作祟。

假日熙來攘往的地下街，我在角落尋找片刻寧靜。

這是悸動，孤獨的時候，你會回到某個角落去做自己的事情，因爲這邊有你和朋友們美好的回憶；這是悸動，失戀的時候，你也會回到或避開以前和另一伴常去的街角，想找回什麼，或避開什麼，因爲這邊有你和另一伴深刻的回憶；這是悸動，無助的時候，你會回到老家走走，因爲這邊有你小時候難忘的回憶。

悸動，是衝動的燃點、賽跑的起點，卻也是終點。我們不斷的輪迴在一次又一次的賽程中，就像跨越了百米賽跑、大隊接力、跳高、跳遠，最後還要來個趣味競賽，每一場的比賽都是因爲悸動，另一場比賽的開端也是來自另一個悸動，衝動需要的就是瞬間的悸動，一個記憶點，一個感觸。

現在是凌晨三點鐘，爲了完成最後的稿件，最後一個章節，我正在當一個拼命郎中，這份想要做完的衝動來自一個今天的悸動，這也是最後一個章節想和大家分享這本書幕後花絮的靈感來源，可能會讓你會心一笑。

下午陪家人一同出遊，他們很關心我的書究竟寫完了沒？儘管他們不知道書中的內容，他們也没從來没寫過書，但是他們從來没想過自己的兒子會出了一本書，爲了能早日看到這本書的內容，平常就不惜的透過「聊天套話」、「食物誘惑」、「偷偷觀察」、「金錢交易」、「條件交換」等各種你現在想的到的奇怪舉止，只爲了先睹爲快！當然我並没有讓他們稱心如意，但是仍然會早點順他們的意，努力地寫完。

但是這些舉動卻讓我有了一份衝動，想要把家人帶給我在撰寫過程中的歡笑，一同和大家分享這段小小的幕後花絮，當然我也是偷偷放上來的囉！最好的範例就來自最能臨場感受的例子，家人的舉止啓發了我，讓我用「熱情」展現的方式能夠用這本書的寫作過程來描述。

如果你正在追尋一個夢想的體悟，它隨時都在你身邊。

熱情的臨場感受

還記得你以前的歷史課是怎麼上課嗎？我的歷史並不好，常常都背不起來，平常的上課方式大多都是坐在課堂中，直到我有次遇到了一位教授，他每堂課的上課集合地點都不一樣，因爲都要在半個小時內趕到那個古蹟現場，用環境教學法的方式上課，實際的走出校外，看的到、摸的到、聽的到，最有臨場感受的歷史課，讓我的期末考考了96分，對我來說是破天荒的成績，這是我第一次感受到「臨場感受」的魅力。

在寫這本書的期間，我的感受可複雜了，安頓好自己的位子，悠哉的向櫃檯點了一杯熱咖啡，看似一切完美的一天即將來臨，數分鐘後，店員送來的卻是一杯冰紅茶，記得當時我正在寫小章節「珍惜，是不是爲了下次的失去，而做的準備？」

雖然這個狀況和那個章節所要傳達的內容並無直接關聯，但是這個標題可就難倒我了！這個意思是我如果不珍惜我眼前的這杯冰紅茶，去換得我應得的熱咖啡，我是不是就眞的失去了這杯冰紅茶？還是他會兩個都送我喝呢？

當然這只是幽默消遣自己的遊戲，不過很多突如其來的小狀況，似乎都正在考驗我在書中所寫的內容是否眞的融會貫通，還是只是一本賣弄文學才藝的書？

是人都不喜歡只聽道理，因此人類發明了寓言故事，但是太多的寓言故事和道理有時候也很難實際發揮，原因也是出自於沒有那份體悟。如果你的生活缺乏動力，你是該讓自己熱血的時刻到了！你即將看完了這本書，我建議下禮拜就可以安排一趟「雙人的遠程旅行」，你可以和你的另一伴、你的知己共同去完成，把自己丟到一個平常不會到的地方，這趟旅程絕對會讓你值回票價！這是一個付諸於行動力的挑戰，當克服了這項挑戰，成功也就離你不遠了。

熱情的加映場

詹仁雄先生是知名的節目製作人，曾經製作過的節目凡舉「我猜我猜我猜猜猜」、「超級星光大道」、「大學生了沒」、「康熙來了」等台灣知名的電視節目都是他的天下，他對於「想的不一樣，多做一點點」這個演講主題有很多的心得，他強調的是思考的創新邏輯方法，意見和其他人有很多不同之處；這和先前所介紹過的華碩電腦董事長施崇棠先生，他的另一個「N+1」策略很相似，都是因爲熱情的想要創新，此多貢獻、多設想其他的可能，而這本書的 特別章節－Ours遠距離，默契手札 就是因此而誕生的。

喜歡分享故事， 特別章節 讓我特別擁有一個分享的角落，在充滿捷徑的書籍中，能找到一個特別回憶錄的故事，**如果你不為你所在意的事情增添這股新動力，你會對不起的是自己投入的時間和精神。**

最快能增添這股新動力的方式莫過於是「加映場」，就像觀眾觀賞演唱會喜歡有安可曲。

你可以想像台上的表演者最享受的就是那首安可曲，就像你的主管希望你能做得比他想像的還要多一些，也許你也可以在我們先前提過的章節「快！幫自己拍一支30秒的廣告！」，爲自己的廣告再多個加映場，給自己一個感動的禮物吧！

世界巡迴演唱會

我們的生活充滿了舞台，從一件專案、一個分組報告、一個活動、一個計畫、一個小組，甚至到一間公司都是你的舞台，這是我們會讓人驚奇的表演，當一個「藝術家」！

換我們上場時，就能佔住所有人的時間，這就是屬於我們的專屬時間，任何人都無法取代！

明天早上就是要和大家報告簡報的時間了，我的時間是十五分鐘，這是一份史無前例的新產品，花了好幾個夜晚的努力才完成這份精美的簡報，當中還帶有一些幽默笑話，舒緩會議的緊張氣氛，讓昨晚沒睡好的夥伴也能打起精神專注於我的簡報，也讓這份簡報成爲大家的焦點專注，讓每個人不會分心。

這是一段看似很簡單的工作簡報，卻很難達成的任

務，光是讓台下每個人專注就是一個難題，更別說是熬夜努力還要生出笑話，天方夜譚！無論現在的身分是講師、是主持人、是報告者，或是只是上來講個幾句話的朋友，告訴自己這是「你」的舞台、「你」的表演，不是「簡報」的舞台，而你這個報告者卻只是在旁邊伴舞。

我們的小時候，無論是哪個年代的朋友，一定都有這種老師，上課面對課本從第一個字念到最後一個字就能剛好下課，這個舞台似乎是課本的；長大了，別讓你的簡報取代了你自己。

舞台最需要的是台下觀眾的掌聲，如果你很幸運能身爲會議主持人，中間安排一些簡易遊戲、經驗分享時間，絕對會有助於這場會議進行；但我相信絕大多數人都只是一場活動中的成員之一，把自己想像成是演唱會的特別來賓，這並不是要我們產生錯覺認爲世界繞著自己旋轉，因爲這場演唱會有我們而變得不一樣。

也許我們整場活動都在台下觀賞台上的表演，也許我們這個特別來賓這場活動只不過上台不到五分鐘，但我們是「藝術家」。你能巧妙的化解大家凝重的氣氛，你能爲原本看似無望的案子獲得重新重視的機會，你能爲整個團隊注入一個新的衝刺動力。

享受生活帶給我們的禮物，把這份禮物帶給身旁的每個人，

這是一個華麗的舞台，一個沒有人能輕易取代的舞台，

一個無論你是主角或是配角，

都能提升價值的舞台。

解凍自己的第十五步 —

得到禮物，無論是大是小，

分享出去，才會獲得更多禮物。

◎ 特別章節〈三〉：OURS-遠距離，默契手札-NOW

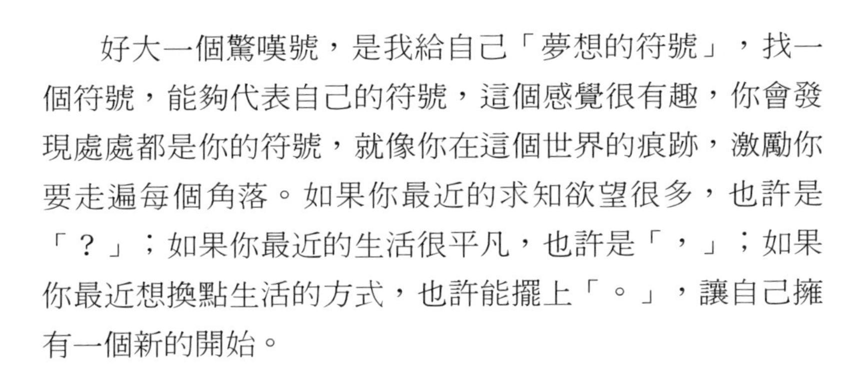

好大一個驚嘆號，是我給自己「夢想的符號」，找一個符號，能夠代表自己的符號，這個感覺很有趣，你會發現處處都是你的符號，就像你在這個世界的痕跡，激勵你要走遍每個角落。如果你最近的求知欲望很多，也許是「？」；如果你最近的生活很平凡，也許是「，」；如果你最近想換點生活的方式，也許能擺上「。」，讓自己擁有一個新的開始。

我給3BEST夥伴們的符號是「；」，任何事情都會有它的邏輯，都會環環相扣的影響，這個分號剛好能夠換一

個不同的風格，也能延續之前所要傳達的理念。

我在思考關於未來的意義，最近有了新的領悟，所謂的未來或許是那「明天的驚嘆號」，這是我在一個專案小組，同仁們共同想出來的標題，如果未來太遙遠，這個意義可能會讓我們的感受比較眞實。

這是一個驚嘆號的旅行，對我們來說，正在啟航。

夢想的飛行

這趟實現我們夢想的路途有太多阻礙了，我想，創業只是我們面對的其中一個問題，需要解決更多的問題，一個接著一個而來。

有人說，人生就是不停的戰鬥；也有人說，人生就是不停的選擇，可惜的是很多時候人生不是選擇題，沒有「Yes」和「No」的選項，留下給你的是一個問答題、填充題，一個沒有標準答案的問題。

張開翅膀的飛翔是勇敢的，但其實我自己並不勇敢，一個人的路途上有太多的恐懼了，就像正在築夢的你，儘管這本書讓你看起來充滿希望（這是我眞心的願望，請幫我完成），但是回想到一個人的路上很不知所措，根本不知道該從何開始做起！但這也並不代表需要有個人三不五時在你的身旁，這叫束縛，不是陪伴。

通常，你的知音、你的Buddy、你的好姊妹並不會在你的身旁（有的話，你很幸福），常常和Kevin用skype聊天，我們很習慣掛著skype做自己的事情，很自在也很隨興；常常和Eric用Google Talk哈拉，我們很習慣遇到就聊一下，儘管常常日夜顛倒的巧遇，**這是我們得天獨厚的相處模式，因為這趟夢想的旅行不能只有一個人**。

我很慶幸這是三人幫的築夢過程，三個人的個性並不相同，讓我們製造了彼此的無法取代特性，最好的證明就是至今根本不會吵架，應該說這三個人的個性根本也無法吵架，卻用互補來提醒自己的不足，**不需要把自己弄的非常完美，人生的專業分工才是真正的王道**。

Because of You

想知道未來長的怎麼樣，就看你現在是怎麼樣的；想知道過去長的怎麼樣，就看你現在是怎麼樣的。在這個章節，我給了一個章節命名叫做「Now」，我們會很好奇別人的過去，因爲每個人都充滿著很多感動的故事，卻不知道自己過去在做什麼，而面對未來的感覺卻也是如此的不穩定，或許這都並不重要，答案是「現在式」，它正在發生，太多的關注和煩惱是不必要的。

看著自己和另外兩個小男孩，現在變成了大男孩的過程還蠻特別的，中間的轉變似乎可以有說不完的故事，從

一起嘻鬧的調皮，到現在一起變成較爲穩重，這是很多人長大共同經歷的歷程，**這是我們三兄弟的故事**。

最近Kevin的好朋友Monica跟我說：「小江，我覺得Kevin很健談、很細心，做事情也很用心，平常私下很喜歡和朋友串門子聊天，是一個對朋友很好的人。」

我承認很多道理並不是從自己身上學來的，我們沒辦法花太多時間在嘗試，社會也不允許花很多的時間在做這種事情，一個人一天的二十四小時，和三個人一天的二十四小時，擁有了三倍的成長速度，這是現在很流行的「團隊合作」，當我們平常在工作上、活動中的團隊同心協力時，生活，其實也可以同心協力的。

最後，我們一起生日快樂！

最後，我想你一定不介意我花版面給自己一個「生日快樂」，因爲，我想你如果有使用Facebook或其他社群網站，應該每到生日都能有很多人留言給你，祝你生日快樂

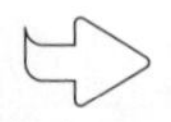

這件事，就像在普天同慶一樣的熱鬧，至少你身旁也可能會有這樣的朋友。有時候我們要的眞的很簡單，在意的那幾個人和你說一句「Happy Birthday，生日快樂！」你就會很知足了。

「小時候，幸福是一件簡單的事；長大了，簡單是一件幸福的事。」這是我們三個人都很喜歡的一句話，當我們不斷的提升收入，買的越來越貴，你會發現其實最後你在意的是那份心意價値，而不再是價錢了，最後又回歸了最簡單的東西；當我們的社交關係越來越複雜，你會發現其實最後眞心的朋友，交往的關係是如此的單純眞誠，而不是那些糾葛不清的利益。這一句話，送給陪我閱讀完這一本書的你，我們一起加油！

最終回—送給 20 歲的子良，

生日快樂！Happy Birthday，Chris！

祝福正在閱讀這本書的你，

每一個夢想都能實現，一起加油。

子良 Chris

台灣台北、新竹撰寫完成

關於作者

江子良 Chris Chiang

資訊：美國團隊3BEST.NET-首席執行長

香港媒體〈DigiTrend〉受訪

台灣媒體〈數位時代〉會談

香港媒體〈TM Trend〉受訪

美國媒體〈BeforeNews〉受訪

美國媒體〈Awarding 10〉、〈GoldenWild〉受訪

資訊：華人圈免費空間論壇經營模式-創始人

資訊：華人知名免費空間服務〈Gter Online〉－創辦人

資訊：ASUS華碩電腦台北區13屆校園經理人，

資訊展經驗、記者會經驗、企業參訪接待經驗、

行銷企劃經驗、台北京站駐點經驗、雜誌
撰寫經驗。

環保：「一個網站，一棵樹」推廣-活動發起人

演說：台灣新竹縣賽高中國語文競賽國語演說組-冠軍

音樂：台灣區域流行音樂電台-活動主持人、節目代班主持人

音樂：95年全國中等學校運動會受邀管樂團隊，法國號手

會議：美國加州CDN雲端產品整合研發會議－會議主持人

公益：世界展望會志工、無障礙網站推廣小組負責人，定時參與偏遠地區數位落差、育幼院關懷計畫。

曾經手服務旗下歌手客戶：

郭靜官方後援會論壇、張芸京國際後援會、大魔鏡金咖啡官方網站、超級偶像　廖志良官方網站、許瑋倫紀念網站等知名歌手。

THE END？ ABSOLUTELY NOT！

這是屬於你的書友粉絲專屬活動！免抽獎！

無論你相不相信2012年12月21日是世界末日，讓我們的書友粉絲們現在就上網填寫寫下你要對末日之後的自己一個夢想的期待，《實現夢想的秘密捷徑》會在末日之後的聖誕假期（2012年12月24日~2012年12月30日）會把你的夢想期待寄回給你、以及一位可能來自世界任何一個地方的朋友，你可以任何你想使用的語言，也有機會得到他們的回覆，朝著自己的夢想進行式前進吧！

當然，你也會收到一位可能來自世界任何一個地方的朋友，屬於他的夢想期待，記得不要吝嗇你的文字，回覆他吧！或許，就能交到兩個和3BEST三兄弟一樣的好朋友喔！一起和你在未來並肩作戰！一點都不孤單！

☆ 現在就開始填下你的夢想吧！☆

http://goo.gl/kjY09

☆ 我很興奮在 Facebook 粉絲團能聆聽你的一切！☆

http://www.facebook.com/share.Chris

☆想知道更多內幕消息嗎？這是官方爆料部落格！☆

http://sharchris.pixnet.net

國家圖書館出版品預行編目資料

實現夢想的秘密捷徑——他二十歲，成為世界各地網站群的幕後推手 / 江子良 Chris Chiang --初版--
臺北市：博客思出版事業網：2012.9
ISBN：978-986-6589-78-2（平裝）
1.自我實現 2.成功法
177.2　　　　　101014653

心靈勵志 17

實現夢想的秘密捷徑

——他二十歲，成為世界各地網站群的幕後推手

作　　者：江子良 Chris Chiang
編　　輯：張加君
美　　編：林育雯
封面 設計：鄭荷婷
出 版 者：博客思出版事業網
發　　行：博客思出版事業網
地　　址：台北市中正區重慶南路1段121號8樓之14
電　　話：(02)2331-1675或(02)2331-1691
傳　　真：(02)2382-6225
E —MAIL ：books5w@yahoo.com.tw或books5w@gmail.com
網路 書店：http://store.pchome.com.tw/yesbooks/
http://www.5w.com.tw、華文網路書店、三民書局
總 經 銷：成信文化事業股份有限公司
劃撥 戶名：蘭臺出版社　帳號：18995335
網路 書店：博客來網路書店 http://www.books.com.tw
香港 代理：香港聯合零售有限公司
地　　址：香港新界大蒲汀麗路36號中華商務印刷大樓
C&C Building, 36,Ting, Lai, Road, Tai,Po, New,Territories
電　　話：(852)2150-2100　　傳真：(852)2356-0735
出版 日期：2012年9月初版
定　　價：新臺幣250元整（平裝）
ISBN：978-986-6589-78-2

祝福正在閱讀這本書的你，
每一個夢想都能實現，一起加油。